Schulz / Schäffer
Informationstechnik für Manager

Claudia Schulz / Pedro Schäffer

Informationstechnik für Manager

Von Internet bis Workflow –
Chancen und Risiken
erkennen und bewerten

Carl Hanser Verlag München Wien

Die Autoren:

Dipl.-Informatikerin Claudia Schulz
Dipl.-Volkswirt Pedro Schäffer

Condat DV-Beratung, Berlin

Die Deutsche Bibliothek – CIP Einheitsaufnahme
Schulz, Claudia:
Informationstechnik für Manager : von Internet bis Workflow –
Chancen und Risiken erkennen und bewerten / Claudia Schulz/Pedro
Schäffer. – München ; Wien : Hanser, 1997
ISBN 3-446-18980-7 Geb.

Dieses Werk ist urheberrechtlich geschützt.
Alle Rechte, auch die der Übersetzung, des Nachdrucks und der Vervielfältigung des Buches oder Teilen daraus, vorbehalten. Kein Teil des Werkes darf ohne schriftliche Genehmigung des Verlages in irgendeiner Form (Fotokopie, Mikrofilm oder einem anderen Verfahren), auch nicht für Zwecke der Unterrichtsgestaltung, reproduziert oder unter Verwendung elektronischer Systeme verarbeitet, vervielfältigt oder verbreitet werden.

© 1997 Carl Hanser Verlag München Wien
Internet: http: //www. hanser.de
Umschlaggestaltung: Susanne Kraus, München unter Verwendung des Bildes Komposition aus „die russische avantgarde", ca. 1919, Bild Nr. 830 von L. S. Popowa
Gesamtherstellung: Druckerei Sommer GmbH, Feuchtwangen
Printed in Germany

**Die Natur liebt es,
sich zu verbessern**

Heraklit

Vorwort

Der richtige Einsatz von Informationstechnik ist ein entscheidender Erfolgsfaktor für viele Unternehmen. Wer ihn beherrscht, ist seinem Wettbewerb voraus. Niemals zuvor bot sich für das Management eine solche Fülle von Möglichkeiten, Schranken von Raum, Zeit und Wissen mit Informationstechnik zu überwinden.

Begriffe wie Internet, Intranet, Workflow, Groupware, Objektorientierung, Telematik, Data Warehouse und Geschäftsprozeßmodellierung prägen die Diskussion auf IT-Seminaren, Kongressen und Ausstellungen. Für das Management ist es zuweilen schwierig, im Dschungel dieser Fachausdrücke und in der Komplexität technisch geführter Diskussionen die wichtigen Entwicklungen zu erkennen und Rückschlüsse für den Einsatz im eigenen Unternehmen zu ziehen. Was verbirgt sich hinter diesen Schlagworten? Wie können Technologien die Lösung betrieblicher Aufgaben unterstützen? Welche Erfahrungen haben andere Organisationen gemacht? Und vor allem: Wie hängen all diese Entwicklungen miteinander zusammen?

In dem vorliegenden Buch werden Antworten auf diese Fragen gesucht, wobei wir immer bemüht waren, den Blickwinkel des nicht mit IT-Aufgaben befaßten Managers einzunehmen. So werden in einem einleitenden Kapitel die betriebswirtschaftlichen Fragestellungen erörtert, um deren Beantwortung wir uns in den folgenden themenorientierten Kapiteln bemüht haben. Wichtig war es uns, anhand von realen Projekten die Chancen und Risiken der behandelten Informationstechnologien zu diskutieren. Am Ende jedes Kapitels bieten wir einige Literaturquellen und Internet-Adressen für eine vertiefende Beschäftigung mit dem jeweiligen Thema an.

Neben der Behandlung einzelner Aspekte heutiger Informationstechnik ging es uns vor allem auch darum, die Erfahrung aus vielen Projekten weiterzugeben, daß mit dem Einsatz der Informationstechnik auch Verhaltensänderungen und Organisationsveränderungen einhergehen müssen.

Starre Organisations- und Ablaufstrukturen lösen sich auf. Hochspezialisierte, verteilt und selbstverantwortlich arbeitende Gruppen entstehen. Die Überwindung von Raum-, Zeit- und Wissensgrenzen führt zur grundlegenden Veränderung von Arbeitsweisen. Unter dem Schlagwort „Working Smarter" versuchen wir, einige Aspekte dieser neuen Unternehmenskultur zu beleuchten. Sie sind Voraussetzungen für den erfolgreichen Einsatz moderner Informationstechnologien und zugleich eine Folge daraus.

Berlin, im März 1997   Pedro Schäffer
                                        Claudia Schulz

Lesehinweise

Jedes Kapitel beginnt mit einer Erklärung der Begriffe, die unser Verständnis wiedergibt. Sie ist deshalb als eine „Arbeitsdefinition" zu verstehen - damit klar ist, worüber wir reden. Das ist deshalb notwendig, weil in der Fachliteratur unterschiedliche Definitionen zu finden sind.

Am Schluß des Buches gibt ein Glossar eine kurze Erläuterung zu IT-Begriffen. Auch diese Erklärungen stehen im Zusammenhang mit der Verwendung der Begriffe in diesem Buch.

Ein ▶ in den Randspalten des Buches verweist auf Kapitel, die im Zusammenhang mit dem Gesagten stehen.

Inhaltsverzeichnis

1 Wandel der Wirtschaft, Trends und Aufgaben............. 1

1.1 Globalisierung der Wirtschaft und verteiltes Arbeiten 1

1.2 Den Wettbewerb entscheiden zunehmend die
Geschäftsprozesse, weniger die Produkte 3

1.3 Rationalisierung von Verwaltungs- und Bürovorgängen 4

1.4 Informationen sind die Grundlage für Entscheidungen......... 7

1.5 Vorhandene Technik für neue Lösungen nutzen 8

1.6 Kommunizieren ist eine Frage der Kultur 9

2 Telematik Kommunikation ohne Grenzen......................... 11

2.1 Begriffe... 11

2.2 Elemente der Telematik 13

    2.2.1 Electronic Mail (E-Mail).......................... 14

    2.2.2 Computer Conferencing........................... 14

    2.2.3 Application Sharing.............................. 14

    2.2.4 Joint Viewing.................................... 15

    2.2.5 Joint Editing..................................... 15

    2.2.6 Video Conferencing.............................. 15

2.3 Anwendungsmethoden der Telematik 18

    2.3.1 Teleworking, Telekooperation..................... 18

        2.3.1.1 Übergreifende Projektarbeit............... 18

        2.3.1.2 Nachbarschafts- oder Satellitenbüros........ 18

        2.3.1.3 Home Office........................... 19

    2.3.2 Telelearning/Teleteaching 21

		2.3.2.1	Selbstlernen mit Fernunterstützung durch Trainer 21

              2.3.2.2   Diskussionsforen und Austausch von Lernmaterial 22

              2.3.2.3   Fernunterricht über Videokonferenz 23

              2.3.2.4   Der große Durchbruch steht noch aus 23

2.4   Netzkonzept für den Telematik-Einsatz 23

2.5   Praktische Business-Anwendungen 25

       2.5.1   Warenangebot unabhängig von der Verkaufsfläche 26

       2.5.2   Individuelle Kundenberatung 27

       2.5.3   Außendienst mit aktuellen Informationen 27

       2.5.4   Transport und Logistik 28

       2.5.5   Überwachung und Steuerung technischer Anlagen 29

       2.5.6   Wartung und Service 29

2.6   Fazit: Telematik ermöglicht neue Arbeits- und Lernformen 30

2.7   Fallbeispiel: Trainingsnetzwerk für die europäische Automobilindustrie 32

       2.7.1   Steckbrief 32

       2.7.2   Ausgangssituation 33

       2.7.3   Technische Systemmerkmale 33

       2.7.4   Nutzungskonzept 35

              2.7.4.1   Mediathek 35

              2.7.4.2   Courseware on Demand (CoD) 36

              2.7.4.3   Helpdesk-Service 36

       2.7.5   Benefits und Potentiale 37

              2.7.5.1   Betriebliches Training kostengünstiger 37

              2.7.5.2   Expertenwissen wird global verfügbar 37

              2.7.5.3   Höhere Trainingsqualität 37

Inhaltsverzeichnis XI

    2.7.6 Fazit 38

  2.8 Links und Literatur 38

3 Das Internet für weltweite Kommunikation **39**

  3.1 Begriffe 39

  3.2 Geschichte des Internet 40

  3.3 Dienste und Standards 42

    3.3.1 Das WWW (World Wide Web) 42

    3.3.2 HTTP (Hypertext Transfer Protocol) 44

    3.3.3 HTML (Hypertext Markup Language) 44

    3.3.4 FTP (File Transfer Protocol) 44

    3.3.5 Telnet 45

    3.3.6 Electronic Mail 45

    3.3.7 Newsgroup 45

    3.3.8 Helper Applications 45

    3.3.9 Plug in 46

    3.3.10 Suchmaschinen 46

    3.3.11 Internet-Kataloge 46

  3.4 Der Anschluß an das Internet 47

    3.4.1 Wie gelangen Informationen ins WWW? 48

    3.4.2 Wie findet man Informationen im WWW? 50

    3.4.3 Wie bietet man Informationen im WWW an? 51

  3.5 Kommerzielle Nutzung 52

    3.5.1 Praktische Beispiele 52

3.5.2 Intranet für interne Kommunikation 53

3.6 Streng Getrenntes zusammenbringen: Internet- und Objekttechnik 54

3.7 Fazit: Internet-Technologie liefert Basis für Anwendungsintegration 55

3.8 Fallbeispiel: Online-Katalog 58
    3.8.1 Steckbrief 58
    3.8.2 Ausgangssituation 59
    3.8.3 Technische Systemmerkmale 59
    3.8.4 Nutzungskonzept 61
        3.8.4.1 Werbung, Produktinformation und Online-Bestellung 61
        3.8.4.2 Erstellen von Nutzerprofilen 62
        3.8.4.3 WWW-Seiten initiieren neue Geschäftsprozesse 62
        3.8.4.4 Redaktionssystem zur Pflege des Informationsangebotes 62
    3.8.5 Benefits und Potentiale 63
        3.8.5.1 Zusätzlicher Vertriebsweg und neue Informationen 63
        3.8.5.2 Verlagsweite Verfügbarkeit verteilter Datensammlungen 63
        3.8.5.3 Stärkere Kundenbindung durch zielgruppengerechte Angebote 63
        3.8.5.4 Aktuelleres Produktangebot mit dynamischen WWW-Seiten 64
        3.8.5.5 Intensive Kommunikation mit den Kunden und Nutzung ihrer Kreativität 64
    3.8.6 Fazit 64

3.9 Links und Literatur 65

4 Objektorientierung macht Komplexität beherrschbar 66

4.1 Begriffe 66

4.2 Die Konzepte der Objektorientierung: Spezialisierung und Generalisierung 67

    4.2.1 Kapselung 67

    4.2.2 Vererbung 69

    4.2.3 Polymorphie 70

4.3 Repräsentation der Organisation: Prozeß- und Objektmodelle .. 70

4.4 Eine Architektur für evolutionäre Systementwicklung 73

    4.4.1 CORBA: ein Standard für die Verständigung der Objekte 73

    4.4.2 Kommunikation in virtuellen Strukturen 76

    4.4.3 Kombination unterschiedlicher Medien mit OLE 77

    4.4.4 Anwender ruft Dienste auf, keine Programme 77

4.5 Fazit: Objektorientierung ist Grundlage für offene Systeme 78

    4.5.1 Potentiale der Objekttechnologie 79

    4.5.2 Objektorientierung setzt anderes Denken voraus 80

4.6 Fallbeispiel: Landesumweltinformationssystem Brandenburg .. 82

    4.6.1 Steckbrief 82

    4.6.2 Ausgangssituation 83

    4.6.3 Systemmerkmale 84

    4.6.4 Nutzungskonzept 86

        4.6.4.1 Wie die Informationen in das LUIS-BB kommen 86

        4.6.4.2 Wie der Nutzer seine Information aus LUIS-BB erhält 89

	4.6.5	Benefits und Potentiale 91
	4.6.6	Fazit 93
4.7		Links und Literatur 94

5 Workflows und Workgroups für effiziente Büros und Teams 96

5.1 Begriffe 96

5.2 Workflows: Komplette Vorgänge in elektronischen Umlaufmappen 97

5.3 Neue Generation dynamischer Teams 100

5.4 Stufenkonzept für die Realisierung von BK-Systemen 101
    5.4.1 Konzeption 101
    5.4.2 Pilotphase 104
    5.4.3 Gesamtlösung und Einführung 104

5.5 Standards: Werkzeugkasten für individuelle Lösungen 105

5.6 Methoden und Technik für BK-Systeme 106

5.7 Fazit: Flexible Gruppen und effiziente Verwaltungsabläufe ... 108
    5.7.1 Meßbarer Nutzen 109
    5.7.2 Bürokommunikation bringt neue Arbeitskultur hervor 110

5.8 Fallbeispiel: Automatisierung von Genehmigungs- und Überwachungsverfahren 112
    5.8.1 Steckbrief 112
    5.8.2 Ausgangssituation 113
    5.8.3 Vorgehensweise 113

5.8.4		Systemmerkmale 115
	5.8.4.1	Der elektronische Schreibtisch............ 115
	5.8.4.2	Allgemeine Ablagen................... 115
	5.8.4.3	Individuelle Ablagen/Gruppenablagen...... 117
	5.8.4.4	Formulare........................... 117
	5.8.4.5	Elektronische Post, Verteilerlisten 118
	5.8.4.6	Postbuch............................ 118
	5.8.4.7	Genehmigungs- und Überwachungsvorgänge............................. 119
5.8.5		Benefits und Potentiale 119
	5.8.5.1	Höhere Qualität und Geschwindigkeit von Arbeitsvorgängen 119
	5.8.5.2	Integration aller erforderlichen Anwendungen auf einem elektronischen Schreibtisch .. 120
	5.8.5.3	Gemeinsame Dokumentenablage, Versionsverwaltung und Zugriffskontrolle 120
	5.8.5.4	Zentrale Verwaltung von Gesetzessammlungen und Formularen............. 120
	5.8.5.5	Zentrale Steuerung und Sicherung der kompletten Büroumgebung 121
5.8.6		Fazit...................................... 121

5.9 Links und Literatur..................................... 121

6 Data Warehouse
Aus Daten Entscheidungswissen gewinnen............... **123**

6.1 Begriffe 123

6.2 Informationen aus dem Data Warehouse................... 123

    6.2.1 Grenzen der EIS- und MIS-Konzepte 123

    6.2.2 Datenbasis für das gesamte Unternehmen........... 124

6.3 Die Organisation eines Data Warehouse 125

6.3.1 Metadaten: Datenlogistik und Dictionary
im Warehouse 125
6.3.2 Datenextraktion 126
6.3.3 Datenmanagement 127
6.3.4 Datenauswertung 129

6.4 Der Weg zum Data Warehouse 132
6.4.1 Aufwand nicht unterschätzen:
Ein Data Warehouse ist ein großes Projekt 133
6.4.2 Erfolg hängt von der Akzeptanz der Nutzer ab 134
6.4.3 Schrittweise zur unternehmensweiten Lösung,
auch Data Marts lohnen sich 135
6.4.4 Markt bietet Komplettlösungen und
Vielfalt von Tools............................. 135

6.5 Fazit: Neue Chancen für schnelle Entscheidungen 136

6.6 Fallbeispiel: Data Warehouse in der Versicherung 137
6.6.1 Steckbrief.................................... 137
6.6.2 Ausgangssituation 138
6.6.3 Systemmerkmale 138
6.6.4 Vorgehensweise 140
6.6.5 Nutzungskonzept 140
6.6.6 Benefits und Potentiale 141
6.6.6.1 Einheitliche Sicht auf Vertragsdaten 141
6.6.6.2 Schnelle Reaktion auf Marktveränderungen . 141
6.6.6.3 Senkung der DV-Betriebskosten 141
6.6.6.4 Mehr Kundennähe 141
6.6.7 Fazit 142

6.7 Links und Literatur................................... 142

7 Geschäftsprozeßmodellierung für die Verbesserung betrieblicher Abläufe 144

7.1 Begriffe 144

7.2 Ingenieurmäßiger Entwurf der Ablauforganisation als Grundlage für prozeßorientierte Organisationsformen..... 145

    7.2.1 Basis für eine verbesserte Ablauforganisation: Ist oder Soll? 145

    7.2.2 Prozesse ingenieurmäßig modellieren - eine Methode . 147

    7.2.3 Ergebnisse der Prozeßmodellierung 151

    7.2.4 Das komplette Unternehmen läßt sich nicht in einem Schritt verändern...................... 151

7.3 Fazit: Geschäftsprozeßmodellierung ist die Basis für viele Projekte 153

    7.3.1 Potentiale für rationellere Prozeßabwicklung erkennen...................................... 153

    7.3.2 Höhere Wirtschaftlichkeit beim Erreichen von Zielen . 155

7.4 Fallbeispiel: Prozeßmodellierung in der Konstruktion 156

    7.4.1 Steckbrief..................................... 156

    7.4.2 Ausgangssituation 157

    7.4.3 Die technologische Basis........................ 158

    7.4.4 Vorgehensweise 159

        7.4.4.1 Auswahl der DV-Funktionen............. 160

        7.4.4.2 Identifikation kritischer Abläufe 161

        7.4.4.3 Planung von Personaleinsatz und -qualifizierung 162

    7.4.5 Benefits und Potentiale 162

        7.4.5.1 Beschleunigung des Auftragsdurchlaufs 162

        7.4.5.2 Größere Transparenz in den Entwicklungsprojekten.................. 163

		7.4.5.3	Verbesserung des Qualitätsmanagementsystems (QM-System) 163
		7.4.5.4	Schnelle und zielgerichtete Einführung der PDM-Standardsoftware 163
		7.4.5.5	Effiziente Schulung der Mitarbeiter......... 163
	7.4.6	Fazit	 164
7.5	Literatur		 164

8 Working Smarter 165

    8.1 Wertewandel: Neue Arbeits- und Denkweisen 165

    8.2 Flexibilisierung der Arbeitszeit 167

    8.3 Führung: Kontrolle ist gut, Vertrauen ist besser 169

    8.4 Das Lernende Unternehmen........................... 172

    8.5 Fazit 174

Danksagung 177

Abkürzungsverzeichnis 179

Glossar 181

1 Wandel der Wirtschaft, Trends und Aufgaben

1.1 Globalisierung der Wirtschaft und verteiltes Arbeiten

Unsere Arbeitswelt wird komplexer, unsere Arbeitsaufgaben ebenso. Die Kooperation verschiedener Unternehmen als Partner in gemeinsamen Projekten ist längst über regionale, ja auch über nationale Grenzen hinausgewachsen. Kooperation und Kommunikation sind aber auch in solchen Unternehmen eine Schlüsselfrage, die verschiedene Standorte haben oder sogar multinational agieren. Die Folge dieser Arbeitsweisen: Partner, die zusammenarbeiten, befinden sich an unterschiedlichen Orten. Abstimmungen, Diskussionen, Schulungen machen jedoch ihr Zusammentreffen an einem Ort erforderlich. Die herkömmliche Lösung des Problems: zeit- und kostenintensives Reisen und längere Aufenthalte von Mitarbeitern außerhalb des Unternehmens, der Stadt, des Landes. Der zwischen den Treffen stattfindende Austausch von Informationen über die Post, E-Mail, Fax oder Telefon ist mit den bekannten Problemen verbunden: Wartezeiten, Medienbrüche, Fehlerquellen, Mißverständnisse, Redundanzen. Dies sind die wesentlichen Barrieren für die Effizienz der Arbeit verteilter Personen oder Gruppen.

Partner, die sich an verschiedenen Orten befinden, müssen zusammenarbeiten.

Die Unterstützung der Zusammenarbeit interdisziplinärer Teams - über beliebige Entfernungen hinweg - gewinnt mit der Globalisierung der Wirtschaft an Bedeutung, wird zur Schlüsselfrage moderner Arbeitsorganisation. Mit der wirtschaftlichen Entwicklung der Märkte und der globalen Arbeitsteilung ging gleichzeitig auch die Technikentwicklung, insbesondere in der Telekommunikation und Datenverarbeitung, einher. Ohne diese technischen Entwicklungen ist ein effektives globales Agieren nicht möglich.

▶ Telematik

Die Anforderungen an Kooperation und Kommunikation innerhalb eines Unternehmens treffen auch für verteiltes Arbeiten in einem globalen Markt zu. Worauf es in jedem Fall ankommt: verfügbare IuK-Technik und -Methoden geschickt, wirkungsvoll und zukunftsorientiert einzusetzen.

Menschen kooperieren und kommunizieren, nicht die Technik

In der Kommunikation zwischen Menschen geht es um mehr als den Austausch reiner Sachinhalte.

Kooperation und Kommunikation lassen sich mit technischen Hilfsmitteln sehr gut unterstützen. Fakt ist aber, daß nicht die Technik, sondern die Menschen kooperieren und kommunizieren. Und Fakt ist auch, daß Menschen, die zusammenarbeiten, sich kennen müssen - je genauer, desto besser.

In der zwischenmenschlichen Kommunikation geht es nicht nur um den Austausch von Sachinhalten zwischen Gesprächspartnern. Die Gesprächssituation, die Erfahrungen der Gesprächspartner miteinander, Mimik und Gestik liefern zusätzliche Informationen, welche die Sachinhalte ergänzen und unter Umständen auch Interpretationen der Sachinhalte erlauben. Die Summe all dieser Facetten nennen wir ganzheitliche Kommunikation.

Electronic Mail in ihrer einfachsten Form, das heißt elektronisches Versenden von Dokumenten, reduziert den an sich mehrdimensionalen Informationsaustausch auf die reine Sachinhaltsebene. Alle anderen Aspekte bleiben unberücksichtigt. Dadurch sind Fehlinterpretationen geradezu programmiert. Erst der Einsatz von Telematik- und Multimedia-Systemen kann diese Beschränkungen elektronischer Kommunikation zumindest teilweise aufheben. Sie erfüllen den Anspruch auf ganzheitliche Kommunikation am ehesten.

1.2 Den Wettbewerb entscheiden zunehmend die Geschäftsprozesse, weniger die Produkte

Es wird zunehmend schwieriger, sich im Wettbewerb über einzelne Produkte oder Dienstleistungen zu behaupten: Sie unterliegen einem raschen Wandel und werden immer leichter austauschbar. Das Augenmerk liegt daher heute auf der Art und Weise der Leistungserbringung, ihrer Weiterentwicklung und Anpassung. Die Abläufe sind es, die die Potentiale für Verbesserung beinhalten und die Qualität der Produkte und Leistungen bestimmen. Immer geht es dabei um stärkere Kundenbindung durch umfassende Kundenbefriedigung. Zum Service gegenüber dem Kunden zählen kürzeste Lieferzeiten, flexible Variationsmöglichkeiten der Produkte und Dienstleistungen, gute Erreichbarkeit, attraktive Präsentationen und natürlich auch ein guter Preis. Voraussetzung dafür ist eine diesen Zielen angepaßte Ablauf- und Organisationsstruktur.

▶ Im Wettbewerb entscheidet zunehmend Effizienz der Leistungserbringung.

Deshalb ist jedes Unternehmen bestrebt und auch dazu gezwungen, seine Strukturen permanent zu verbessern, effizienter im Sinne von schlanker zu gestalten, den Trends der Wirtschaft und den Wünschen der Kunden anzupassen - und auch selbst Trends zu initiieren. Dabei stehen zum einen die Kernprozesse im Mittelpunkt des Interesses. Das heißt: jene Prozesse, welche wesentlich zum Geschäftserfolg beitragen, welche den Wert für den/die Kunden erzeugen - unabhängig von der bestehenden Aufbauorganisation. Zum anderen stehen konkrete, quantifizierbare Zielstellungen im Zentrum der Betrachtungen. Solche konkreten Ziele könnten lauten: Lieferzeiten verkürzen, Lagerbestände reduzieren oder Ausschuß verringern.

▶ Geschäftsprozeßmodellierung

Parallele Abläufe erfordern effiziente Kommunikation

Identische Abläufe vereinheitlichen und als unterstützenden Dienst bereitstellen.

Die Prozesse, welche bis zur Markteinführung eines neuen Produktes notwendig sind, laufen aus Zeitgründen zunehmend parallel ab. Das macht den bereichs-, abteilungs- und unternehmensübergreifenden Austausch von Informationen notwendig.

Üblicherweise kommen in mehreren Unternehmensbereichen dieselben Abläufe vor. Identische Leistungen werden unterschiedlichen Zielgruppen von unterschiedlichen Stellen im Unternehmen erbracht. Das ist unwirtschaftlich. Diese Prozesse oder jene Teile davon, die Gemeinsamkeiten aufweisen, sind zu separieren und zu einem gemeinsamen unterstützenden Prozeß zusammenzufassen.

Dies setzt ein Netz miteinander kommunizierender Stellen voraus. Jene Abläufe, die an mehreren Stellen im Unternehmen für mehrere Zielgruppen stattfinden, müssen als autonome Einheiten gestaltet werden, die beliebigen Anwendern - in unserem Fall Prozessen - zur Verfügung stehen.

1.3 Rationalisierung von Verwaltungs- und Bürovorgängen

Suche nach und Transport von Dokumenten machen häufig 90 % der Bearbeitungszeit für einen Geschäftsvorgang aus.

Täglich werden in den Unternehmen Ideen und Informationen in diversen Dokumenten niedergeschrieben. Es entstehen Berge von Papier, in denen das Wissen und die Informationen des Unternehmens stecken, unabhängig von der Struktur der Organisation und unabhängig vom Wechsel der Mitarbeiter. 25 bis 50 Prozent davon sind heute elektronisch gespeichert. In den kommenden Jahren ist eine deutliche Zunahme dieses Anteils zu erwarten.

Um einen Vorgang - eine Bestellung, Reklamation oder Genehmigung - zu bearbeiten, sind aus verschiedenen

Quellen Dokumente zusammenzutragen: Daten, Texte, Tabellen, Zeichnungen. Die Suche beginnt - in Archiven mit langen Such- und Zugriffszeiten. Es folgt der Transport durch hausinterne Verteilungssysteme, über Fax-Gerät und Telefon, mit fliegenden Boten und mit der Post. Suche und Transport machen häufig etwa 90 Prozent des Gesamtaufwandes für das Bearbeiten eines Vorgangs aus. Die Durchlaufzeiten werden um so länger, je komplexer die Vorgänge sind.

Sind die einzelnen Arbeitsschritte innerhalb des Vorgangs auf mehrere Abteilungen verteilt, so bremst dieser Umstand den Durchlauf zusätzlich. Nur sehr schwer läßt sich überhaupt noch feststellen, wo sich ein Vorgang zu einer bestimmten Zeit befindet, wer ihn bearbeitet, in welchem Fertigstellungsgrad er sich befindet und ob die Informationen darin auch wirklich aktuell sind.

Die Fertigungsindustrie konnte in den letzten Jahren Produktivitätssteigerungen und Rationalisierungseffekte durch die Gestaltung neuartiger Prozesse erreichen: mit automatisierter Verarbeitung und Zusammenfassung von Funktionen zu komplexen Vorgängen. Solche Effekte sind auch im Büro möglich. So wie die Erfolge in der Produktion durch die Optimierung der Fertigungsprozesse mit allen damit verbundenen Konsequenzen für Ablauf- und Aufbauorganisation zu erzielen waren, lassen sich auch die Vorgänge im Büro als Prozesse betrachten, untersuchen und bezüglich ihrer Ablaufschritte optimieren.

> Bürovorgänge als Geschäftsprozesse beschreiben, modellieren und optimieren.

Die meisten Arbeitsvorgänge im Büro besitzen die Eigenschaft, gut strukturierbar zu sein. Das heißt, die einzelnen Arbeitsschritte für das vollständige Bearbeiten eines Vorgangs, auch über Abteilungs- und Standortgrenzen hinweg, lassen sich formal beschreiben. Bürovorgänge besitzen Prozeßcharakter: Bestimmte Ereignisse stoßen den Bearbeitungsprozeß an, definierte Abläufe führen zu einem bestimmten Ergebnis. Die Erledigung einer Teilaufgabe hängt vom Ergebnis des vorhergehenden Schrittes ab, und das erstellte Ergebnis fließt wiederum als Vorlei-

> Bürovorgänge lassen sich gut strukturieren.

▶ Workflows und Workgroups

stung in die nachfolgenden Arbeitsschritte ein. Solche Arbeitsflüsse lassen sich mit Workflow-Systemen sehr gut automatisieren.

Chancen der Gruppenarbeit besser nutzen

Der Organisationsaufwand für die Abwicklung komplexer Vorgänge bremst das Tempo.

Die gewachsene Organisationsstruktur behindert oft die abteilungsübergreifende Bearbeitung von Vorgängen. Die Durchlaufzeit erhöht sich, je mehr Fachbereiche an der Lösung einer Aufgabe beteiligt sind. Historisch bedingte, mitunter unsinnige Zersplitterung von Aufgaben und Kompetenzen, funktions- und strukturorientierte, statt prozeßorientierte Arbeitsteilung behindern die Abläufe zusätzlich.

Darin steckt enormes Rationalisierungspotential. Um es auszuschöpfen, gilt es, Menschen und Aufgaben schneller und effizienter zusammenzubringen. Flexible Netzwerke, multidisziplinäre Teams und (teil-)autonome Arbeitsgruppen sind die organisatorischen Voraussetzungen für die Bewältigung des stetigen Wandels.

Die Zuordnung von Mitarbeitern zu Führungskräften und Organisationseinheiten muß sich an der aktuellen Aufgabenstellung orientieren. In einem fließenden Prozeß fungiert der Chef von heute morgen auch als Mitarbeiter und umgekehrt.

Diese Wechsel von Verantwortlichkeiten und Teamzusammenstellungen können und müssen von modernen DV-Systemen unterstützt werden. Das heißt, so flexibel wie die Organisation müssen auch die DV-Systeme sein.

1.4 Informationen sind die Grundlage für Entscheidungen

Führungskräfte aller Unternehmensebenen müssen in der Lage sein, Entscheidungen schnell zu treffen. Demgegenüber steht ein Geflecht von Geschäftsbeziehungen, dessen Breite und Dichte auch angesichts internationaler Tätigkeit weiter zunimmt. Die Folge davon: Das Aufspüren und Zusammentragen jener Informationen, welche die Grundlage für Entscheidungen sind, wird zunehmend schwieriger.

> Entscheidungswissen verlangt Zugriff auf harte und weiche, auf interne und externe Informationen.

Ein Teil dieser Informationen liegt in Form „harter" Daten, sogenannter Rohdaten, weit und breit verteilt in DV-Anwendungen und Datenhaltungssystemen auf den verschiedensten Plattformen (Hardware, Betriebssysteme, Anwendungsprogramme). Ein anderer Teil davon sind die „weichen" Informationen. Sie befinden sich in diversen Dokumenten des Unternehmens und der Öffentlichkeit: in den Pools von Nachrichten- und Wirtschaftsdiensten, auf CD-ROMs, in der Presse, im Internet, in eigenen oder Geschäftsberichten von Kunden, Wettbewerbern, Lieferanten, Partnern, in Wirtschaftsanalysen und so weiter.

▶ Internet

Häufig macht erst die Möglichkeit des Vergleichs aktueller Daten beziehungsweise Informationen mit denen aus der Vergangenheit Trends erkennbar, die sich zwingend auf Entscheidungen auswirken, Prognosen ermöglichen und Innovationen anregen. Dazu müssen die Daten in einen logischen Zusammenhang gebracht werden.

Je umfassender der Mix aus harten und weichen Informationen, aus Vergangenheit und Gegenwart, desto sicherer die Entscheidungsgrundlage. Eine solche Forderung ist nicht nur berechtigt, ihre Verwirklichung birgt Wettbewerbsvorteile in sich, auf die früher oder später - eher früher - kein Unternehmen mehr verzichten kann. Die Forderung mag auf den ersten Blick wie der Wunsch eines Traumtänzers erscheinen, weil sie die Vermutung assoziiert, daß mit ihrer Erfüllung ein nicht zu bewältigender

▶ Data Warehouse

Aufwand verbunden ist. Auf den zweiten Blick aber werden wir sehen, daß dieser Wunsch keineswegs zu hochgegriffen ist, sondern in effizienter Weise realisierbar - mit Mitteln und Methoden moderner Informationstechnologie.

1.5 Vorhandene Technik für neue Lösungen nutzen

Heterogene Altsysteme schränken die Flexibilität ein. Ihre Funktionalität ist aber oft unverzichtbar.

Fast alle betrieblichen Funktionsbereiche sind heute von DV-Anwendungen durchdrungen. Mitarbeiter entwickelten sich zu Spezialisten, die für ihre speziellen Aufgaben spezielle DV-Systeme nutzen.

So wuchsen über die Jahre DV-Landschaften, die heterogen und häufig inkompatibel sind. Dasselbe gilt für Datenbestände in verschiedenen Datenbanken und Datenhaltungssystemen. Es existiert eine Vielzahl von Insellösungen, die einen hohen Aufwand an Pflege- und Abgleicharbeiten erfordern. Zudem verursachen sie Zeitverzögerungen und Doppelarbeiten. Andererseits ist die Funktionalität der Altsysteme oft unverzichtbar, und die Kapazität für die Neuentwicklung läßt sich nicht auf einen Schlag aufbringen.

Die Lösung heißt Integration. Heterogene (Alt-)Anwendungen müssen miteinander kommunizieren können, der Zugriff auf unterschiedliche Datenhaltungssysteme muß vereinheitlicht werden. Erst damit erhalten Kooperation und Kommunikation - lokal wie global - jene Dimension, die das Unternehmen in die Lage versetzt, sich an den Entwicklungen der Märkte aktiv zu beteiligen.

▶ Objektorientierung

Derartige integrative Systeme erfordern eine Architektur, welche das Einbinden alter und neuer Anwendungen erlaubt. Objektorientierung liefert methodische und technische Grundlagen für solche Lösungen, die verteilte Anwendungen und Daten unternehmensweit und auf komfortable Weise allen Nutzern zugänglich machen und die unabhängig von Hard- und Software, beliebig erweiterbar und somit zukunftssicher sind.

1.6 Kommunizieren ist eine Frage der Kultur

Wissen und Informationen stecken in den Köpfen von Individuen, sind in deren „Besitz". In der Weitergabe dieses Wissens wird häufig die Gefahr von Image- oder gar Machtverlust gesehen.

> Eine Gruppe ist stärker als die Summe der Kräfte ihrer einzelnen Mitglieder.

Konkurrenz, Wettbewerb, Kompromisse und Konflikte stehen auf der negativen Seite der Medaille, die Kooperation und Kommunikation heißt. Auf der positiven: Zusammenarbeit, Gemeinschaftsdenken, harmonisches Zusammenspiel. Darin findet sich das meiste Potential für die Optimierung von Abläufen und damit von Ergebnissen. Schließlich ist eine Gemeinschaft, eine Gruppe, leistungsfähiger als die Summe der Kräfte ihrer einzelnen Mitglieder. Die negative Seite steht der positiven im Wege. Wir können sie nicht durch Ignorieren, per Order oder gegen Bezahlung loswerden. Wir müssen sie überwinden mit neuem Denken und Verhalten, das wir vermitteln und vor allem selbst konsequent vorleben. Hier ist mit dem Einsatz von Technik für die Unterstützung von Gruppenarbeit allein nichts zu machen. Hier geht es um das Grundverständnis von Zusammenarbeit, es geht um Unternehmenskultur.

▶ Working Smarter

Potentiale und Ideen verkümmern oft, weil sie im Verborgenen bleiben. So werden nicht nur materielle, sondern auch menschliche Ressourcen verschwendet.

Kommunikation ist der Schlüssel und das Medium für kulturelle Weiterentwicklung. Das trifft für die Menschheitsgeschichte zu, aber auch für jedes „Biotop", jeden Organismus. Ein Unternehmen ist auch ein lebender Or-

Effiziente Gruppenarbeit setzt Fähigkeit und Bereitschaft zu Kooperation und Kommunikation voraus.

ganismus, der sich entwickeln kann - im Sinne von verbessern oder optimieren. Ungehinderter Informations- und Wissensaustausch setzt die Potentiale dafür frei. Flexible Kommunikationskanäle und unkonventionelle Verständigungsformen widersprechen dabei nicht einer gewissen Ordnung, die Klarheit und Eindeutigkeit gewährleistet.

Was wir heute für die Lösung von Aufgaben brauchen, sind flexible, eigenverantwortliche Gruppen, deren Mitglieder alle Aspekte der Aufgaben abdecken. Wir müssen ihnen vertrauen und sie möglichst frei agieren lassen. Dann können gegenseitiger Ansporn, Freude an kreativer Arbeit und die Lust am Engagement ihre positiven Wirkungen entfalten. Manager müssen die Gruppen dabei nicht formal kontrollieren, sondern vor allem als Trainer und Coach agieren. In einer flexiblen, elastischen Organisation tritt an die Stelle von Abhängigkeiten die Selbstorganisation verantwortungsbewußt handelnder Individuen.

In den folgenden Kapiteln zeigen wir, wie sich moderne IuK-Techniken verwenden lassen, um den Trends der Wirtschaft Rechnung zu tragen, und welche Chancen und Risiken mit ihrem Einsatz verbunden sind.

2 Telematik
Kommunikation ohne Grenzen

2.1 Begriffe

Telematik:
Aus dem Namen leitet sich die Begriffsbestimmung ab: Telematik meint die Kombination von **Tele**kommunikation und Infor**matik**. Die Telekommunikation stellt dabei Verbindungen zwischen Rechnern, Programmen und den Menschen her, die damit arbeiten. Telematik liefert die technische Basis für verteiltes Arbeiten und Lernen von Einzelpersonen und Gruppen. Über Netzwerke und Übertragungsdienste überwindet Telematik geografische Grenzen - regional, national und weltweit.

Telematik = Telekommunikation + Informatik.

▶ Workflows und Workgroups

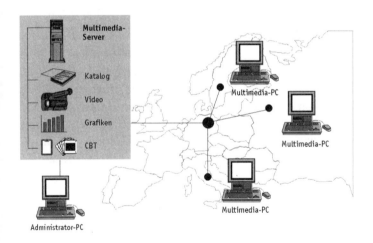

Telematik realisiert weltweite Netze für multimediale Kommunikation

Telematik ist ein weites Feld. Es reicht vom digitalen „Informationskiosk" bei der Deutschen Bahn über Anwendungen der Verkehrstelematik, die uns über Mobilfunknetze neben Möglichkeiten der Fahrzeugdisposition auch

▶ Internet

Navigations- und Parkhilfen im Auto bieten, über den digitalen Warenhaus-Katalog für Online-Auswahl und -Bestellung bis hin zur weltweiten multimedialen Geschäftskommunikation. Auch Anwendungen der Methoden des World Wide Web im weltumspannenden Internet oder firmeneigenen Intranet sind Ausprägungen der Telematik.

Um dem Rahmen dieses Buches zu entsprechen, gehen wir hier auf jene Aspekte ein, die in direktem Zusammenhang mit den anderen Kapiteln des Buches stehen.

Die geläufigsten Anwendungen der Telematik sind:

Teleworking:
Auch als Telearbeit bezeichnet, meint Teleworking die Arbeit am PC mit Zugriff auf entfernte Rechnernetze beziehungsweise entfernte Rechner in verschiedenen Varianten und Kombinationen. Unter Telekooperation ist in diesem Zusammenhang die gemeinsame Arbeit verteilter Personen oder Gruppen auf der Basis von Computern, Programmen und Telekommunikationsdiensten zu verstehen.

Telelearning/Teleteaching:
Computergestütztes Lernen, vom Selbstlernen am PC mit Hilfe von Lernprogrammen (Computer Based Training: CBT) und mit Online-Unterstützung durch einen entfernten Trainer, bis hin zu verschiedenen Formen von Gruppenarbeit, zum Beispiel Unterricht in virtuellen Klassenzimmern.

Telemetrie:
Fernsteuern beziehungsweise -messen von Anlagen und Geräten.

Multimedia:
Unter Multimedia ist die Integration und Kombination verschiedener Medien zu verstehen: Texte, Bilder, Filme, Tonaufnahmen. Typische Multimedia-Produkte und -Dienstleistungen sind beispielsweise die CD-ROM, Lernprogramme (CBT), Informationen im World Wide Web (WWW) des Internet, aber auch elektronische Informationskioske und

Selbstbedienungssysteme, zum Beispiel auf Flughäfen oder Bahnhöfen, in Reisebüros oder Banken.

Internet:
Von der Problem- und Aufgabenstellung her gehört das Internet zum Thema Telematik. Aufgrund der Aktualität dieses „Netzes der Netze" und der konträren Meinungen darüber befaßt sich das nachfolgende Kapitel des Buches ausschließlich mit dem Internet. Seine Entstehungsgeschichte, sein Aufbau und natürlich die Nutzungsmöglichkeiten mit ihren Chancen und Risiken sollen ein generelles Verständnis für dieses globale Netz vermitteln.

▶ Internet

2.2 Elemente der Telematik

Generell unterscheidet man in der Telematik zwei Formen der Kommunikation: asynchron und synchron. Bei der asynchronen Kommunikation agieren die Teilnehmer nicht zur selben Zeit. Ein typisches Beispiel dafür ist das Versenden von Unterlagen (Informationen) über die elektronische Post (Electronic Mail). Die momentane Erreichbarkeit des Empfängers spielt hier keine Rolle. Er kann sich die Nachricht anschauen, wann immer er möchte.

Die Telematik unterscheidet asynchrone und synchrone, das heißt: zeitlich getrennte und gleichzeitige Kommunikation.

Das Gegenteil davon ist die synchrone Kommunikation, bei der die Teilnehmer gleichzeitig agieren. Als Beispiel sei dafür die Videokonferenz genannt. Hier befinden sich die Teilnehmer zwar an verschiedenen Orten, aber sie kommunizieren zur selben Zeit.

Die im Folgenden beschriebenen Elemente der Telematik lassen sich auf Standard-PCs mit entsprechenden Software-Produkten in einfacher Weise installieren.

2.2.1 Electronic Mail (E-Mail)

E-Mail-Systeme versenden Nachrichten oder Unterlagen an beliebig viele Empfänger.

Über elektronische Post (E-Mail) lassen sich schnell und unkompliziert Nachrichten und Unterlagen aller Art versenden: Texte, Zeichnungen, Tonaufnahmen, Lernprogramme (CBT), Bilder oder Filme. Keine Papierkopien, keine Postwege sind dafür noch erforderlich. Manche E-Mail-Systeme zeigen dem Nutzer an, ob der Empfänger die Sendung nicht nur erhalten, sondern auch zur Kenntnis genommen hat.

2.2.2 Computer Conferencing

Computer Conferencing unterstützt asynchrone Gruppenarbeit.

Diese asynchrone Kommunikationsform unterstützt verteilte Projektarbeit. Die Projektpartner nutzen einen definierten Bereich auf einem Computer, um sich unabhängig von der Tageszeit über Fragen und Probleme auszutauschen. Das Konferenzsystem stellt ihnen sozusagen ein „Schwarzes Brett" zur Verfügung, zu dem jeder Partner Zugang hat. Dort können die Partner alle denkbaren Projektunterlagen zum Abholen oder zur Diskussion bereitstellen.

2.2.3 Application Sharing

Application Sharing für synchrone Gruppenarbeit in einem gemeinsam genutzten Programm.

Hier arbeiten Partner synchron zusammen. Dabei schalten sich ein oder mehrere Teilnehmer auf einen Rechner auf. Sie „teilen" sich sozusagen den Rechner beziehungsweise das Anwendungsprogramm und arbeiten gemeinsam an einem Gegenstand - einer Zeichnung oder einem Text. Jede Eingabe eines Partners ist für die anderen sichtbar. Das besondere Merkmal von Application Sharing: Das spezielle Anwendungsprogramm für das Bearbeiten des Gegenstandes muß sich nur auf einem Rechner befinden. Diese Arbeitsweise setzt eine einheitliche Plattform (Hardware, Betriebssystem) aller beteiligten Partner voraus.

2.2.4 Joint Viewing

Die Teilnehmer können mit Joint Viewing auf ihren Bildschirmen Dokumente gleichzeitig anschauen. Ein gemeinsames Bearbeiten (Editieren) ist allerdings nicht möglich. Joint Viewing ist vor allem für derartige Dokumente interessant, die nicht elektronisch zur Verfügung stehen und die nicht bearbeitet werden sollen. Beispiele dafür sind Fotos, Briefe, Faxe, Zeichnungen, die sich mit der Videokamera aufnehmen und anschließend den anderen Teilnehmern als Standbilder zur Ansicht bringen lassen. Als Bestandteil von Videokonferenzen ist Joint Viewing eine Methode, um gemeinsam über ein Dokument zu diskutieren.

Joint Viewing: gemeinsames, synchrones Betrachten eines Dokumentes.

2.2.5 Joint Editing

Joint Editing stellt eine synchrone Form von Gruppenarbeit zwischen verteilten Anwendern dar. Ein Dokument wird den Kommunikationspartnern auf ihren Bildschirmen angezeigt. Alle Teilnehmer können sich an der Abstimmung des Dokuments beteiligen. Änderungen lassen sich auf jedem der beteiligten PCs vornehmen und sind für alle anderen sichtbar. Auf diese Weise entsteht ein mit allen Teilnehmern abgestimmtes Endergebnis. Berichte, Texte oder Dokumentationen lassen sich auf diese Weise sehr effizient erarbeiten.

Joint Editing: gemeinsames, synchrones Bearbeiten eines Dokumentes.

Die Teilnehmer nutzen in der Regel einen gemeinsamen Editor für das Bearbeiten des Dokumentes. Wenn die Teilnehmer-Rechner verschiedene Plattformen und somit unterschiedliche Editoren haben, so werden die Dokumente vor dem Bearbeiten entsprechend konvertiert.

2.2.6 Video Conferencing

Videokonferenzen bieten ein Höchstmaß an persönlichem Dialog im Rahmen der elektronisch unterstützten Grup-

Video Conferencing verbindet gemeinsame Arbeit mit zwischenmenschlicher Kommunikation.

penarbeit. Bei dieser synchronen Kommunikationsform können sich zwei oder mehrere entfernte Teilnehmer gegenseitig hören und sehen und gleichzeitig Dokumente aus den beteiligten Rechnern austauschen. Die Videokonferenz erfüllt daher am ehesten den Anspruch, ganzheitlich zu kommunizieren, das heißt gemeinsame Arbeit und zwischenmenschliche Kommunikation miteinander zu verbinden.

Was in den 80er Jahren in aufwendig eingerichteten Konferenzstudios begann, kann heute ohne größeren Aufwand zum Bestandteil eines Büro-Arbeitsplatzes mit Standard-PC werden (Desktop-System). Damals nutzte man das Vermittelnde Breitbandnetz (VBN) der Deutschen Bundespost für die Übertragung von Ton und Bild zwischen den konferierenden Studios. Als Übertragungsmedien kommen heute das preiswerte ISDN (Integrated Services Digital Network) oder ATM (Asynchronous Transfer Mode) in Frage. Die Auswahl des geeigneten Mediums richtet sich dabei nach den Anforderungen an die Übertragungsleistung und die Qualität der Bilder.

Mit Kameras, Mikrofon und Konferenz-Software ausgestattet, lassen sich Standard-PCs für Videokonferenzen nutzen.

Das Spektrum heute erhältlicher Videokonferenzsysteme reicht von exclusiven Raum- und Konferenzanlagen mit Stückpreisen um die 80.000 Mark und darüber hinaus bis zu Desktop-Systemen, in denen der Standard-PC mit Kamera und Mikrofon und der entsprechenden Kommunikationssoftware ausgestattet ist. Solche Konferenzsysteme lassen sich auch nachträglich an vorhandene PCs anschließen. Der Funktionsumfang variiert bei den einzelnen Systemen. Bei der Auswahl sind die spezifischen Anforderungen ausschlaggebend. Der Preis für derartige Systeme liegt zwischen 3.000 und 5.000 Mark mit fallender Tendenz.

Ein Vorteil dieser Desktop-Konferenz-Systeme besteht darin, daß sich die Teilnehmer während der Konferenz in ihrer gewohnten Arbeitsumgebung befinden. Somit stehen die für die Diskussion benötigten Objekte elektronisch zur Übertragung und Bearbeitung bereit (Joint Editing, Joint

Viewing). Bei Bedarf lassen sich auch externe Experten zeit- und kostensparend in die Konferenz einbinden. Persönliche Meinungen oder Anregungen können während der Konferenz von den Teilnehmern spontan geäußert werden.

Verbindungen zwischen mehreren lokalen Rechnernetzen ermöglichen das Anschließen beliebig vieler Arbeitsplätze. Die Übertragung der Informationen erfolgt dabei sowohl innerhalb als auch zwischen den lokalen Netzen über entsprechende Kommunikationsprotokolle. Für die Koordination und Steuerung der Kommunikation sorgt spezielle Software. Bei mehr als zwei Teilnehmern regelt eine Steuerungseinheit, ähnlich wie bei einem Mischpult, die Bildübertragung von und zu den verschiedenen Teilnehmern.

An ein Videokonferenzsystem lassen sich beliebig viele Arbeitsplätze anschließen.

Unterschiede gibt es zum Beispiel bezüglich der Anzeige der beteiligten Personen an den Monitoren der Teilnehmer. Manche Systeme zeigen nur den jeweils sprechenden beziehungsweise agierenden Teilnehmer. Andere Systeme können zwei bis vier Personen gleichzeitig in mehreren Bildschirmfenstern zeigen. Auch funktionieren Videokonferenzsysteme bezüglich der „Wortmeldungen" der Teilnehmer unterschiedlich. So gibt es zum Beispiel die Variante, bei der eine Person die Moderation übernimmt und den Teilnehmern das „Wort erteilt". Es gibt aber auch Systeme, wo derjenige, der am lautesten spricht, für die anderen am Monitor sichtbar wird. Diese Variante setzt ein relativ hohes Maß an Disziplin voraus. „Stille Wasser" haben es hier schwer, überhaupt zu Wort zu kommen.

Per Videokonferenz entsteht ein „virtueller" Konferenzraum, der keinen Tisch benötigt. Dieser Konferenzraum existiert nicht wirklich, ist aber dennoch voll funktionsfähig - mit den Teilnehmern der Konferenz, mit Flipcharts, mit Projektoren für Präsentationen, sogar mit den üblichen Kaffeetassen!

Video Conferencing: eine Komponente für die Arbeit in „virtuellen" Konferenzen, Unternehmen, Teams.

Ähnlich kann man sich virtuelle Unternehmen und virtuelle Teams vorstellen. Das sind zumeist temporäre Organisationen oder Organisationseinheiten, die sich für eine bestimmte Aufgabe zusammenschließen. Die Mitarbeiter eines solchen virtuellen Unternehmens oder Teams können dabei auf ihren „alten Stühlen" sitzenbleiben.

2.3 Anwendungsmethoden der Telematik

2.3.1 Teleworking, Telekooperation

2.3.1.1 Übergreifende Projektarbeit

Telematik schafft Flexibilität bei der Zusammenstellung von Projektteams.

Bei der Zusammenstellung von Projektteams kommt es darauf an, die für die jeweilige Aufgabe am besten geeigneten Mitarbeiter auszuwählen und bei Bedarf auch die Mitarbeit externer Experten zu organisieren. Die Telematik erlaubt hierbei maximale Flexibilität, weil mit ihr der Aufenthaltsort der Projektpartner keine Rolle mehr spielt.

Als Beispiel seien einige Aspekte der gemeinsamen Arbeit an Projekten genannt, die sich mit Telematik-Anwendungen wirkungsvoll unterstützen lassen:

- Abstimmen von Projektplänen
- Projektkalkulation
- Erstellen von Protokollen und Berichten
- Austausch von Projektunterlagen
- Erarbeiten und Freigeben von Dokumenten
- Gestalten von Präsentationen
- Diskutieren und Abstimmen von Sachinhalten, Vorgehensweisen und Ergebnissen.

2.3.1.2 Nachbarschafts- oder Satellitenbüros

Wie der Name schon sagt, handelt es sich hier um Büros, die sich in der Nähe der Wohnungen der Beschäftigten befinden. Sie sind mit Computerarbeitsplätzen ausgestattet, die alle notwendigen Telematik-Komponenten für die Arbeit und die Kommunikation mit Vorgesetzten, Kollegen, mit Programmen, Datenbanken und Netzwerken enthalten. Sie sind in bezug auf das Spektrum der denkbaren Tätigkeiten und die Auslastung der Ressourcen für viele Unternehmen vorteilhaft.

Satellitenbüros: (Tele-) Arbeitsplätze in strukturschwachen Gebieten.

Diese Form der Telearbeit bietet sich vor allem in solchen Gebieten an, die eine schwache verkehrstechnische Anbindung an das Unternehmen haben. Lange Pendlerwege und -zeiten lassen sich damit einschränken oder sogar ganz vermeiden - unter ökologischen Gesichtspunkten ein großer Gewinn.

Satellitenbüros lassen sich von verschiedenen Unternehmen nutzen. Die Anschaffung der Geräte ist unterschiedlich geregelt. Sie können Eigentum der Mitarbeiter sein oder auch des Unternehmens. Diese Variante der Telearbeit ist in Deutschland erstaunlicherweise noch selten zu finden. Andere europäische Länder, wie zum Beispiel die Schweiz, nutzen sie bereits intensiv.

2.3.1.3 Home Office

Mit dem umfassenden elektronischen Zugang zum Unternehmen vom heimischen Schreibtisch aus lassen sich die Anwesenheitszeiten im Unternehmen - bei gleichbleibender Arbeitszeit - erheblich reduzieren. In extremen Fällen kommen die Mitarbeiter nur gelegentlich als „Gäste" in den Betrieb. Die Kooperationen mit Partnern auch außerhalb des eigenen Unternehmens im Rahmen von Projekten sind ohne Einschränkungen realisierbar.

Arbeiten Mitarbeiter nur zeitweilig, unter bestimmten Umständen und für bestimmte Aufgaben zu Hause, so spricht man von alternierender Telearbeit im Home Office. Die Mitarbeiter behalten auch in Phasen der Abwesenheit ihren physischen Arbeitsplatz im Betrieb.

„Alternierende Telearbeit": Wechsel zwischen Phasen von Heimarbeit und Arbeit im Betrieb.

Der Phantasie für die individuelle Ausgestaltung von Home Offices sind keine Grenzen gesetzt. Das Einräumen der Möglichkeit von Telearbeit im Home Office erhöht sicher die Attraktivität des Arbeitgebers, verbessert die gegenseitige Vertrauensbasis und kann zu meßbarer Verbesserung der Motivation führen. In der heimischen Wohnung fallen die üblichen Störungen des Arbeitsalltags im Betrieb weg, was zu einer höheren Produktivität der Mitarbeiter und zu verbesserter Qualität der Arbeit beitragen kann. Formale Kontrolle der Telearbeiter ist überflüssig, wenn die Ergebnisse der Arbeit den Maßstab bei der Bewertung der Mitarbeiter bilden.

Ausschließliche Tele-Heimarbeit allerdings ist eine zwiespältige Sache. Vorteile für Arbeitgeber wie Arbeitnehmer sind durchaus nicht von der Hand zu weisen: Beruf und Familie lassen sich besser vereinbaren. Besonders in Familien mit Kindern kann Telearbeit Probleme entschärfen. Das Unternehmen einerseits muß nicht auf die Arbeitsleistung der Mitarbeiter verzichten, die Mitarbeiter andererseits müssen keine unfreiwilligen Zwangspausen einlegen.

In strukturschwachen Gebieten löst sich damit - wie auch mit Satellitenbüros - das Problem der Dauerpendler. Auch können neue Arbeitsplätze für Behinderte entstehen. Das Unternehmen spart Miet-/Raumkosten ein, wenngleich die Telearbeiter einen Beitrag für die Nutzung ihrer Wohnung für die Arbeit erhalten sollten.

Aus der Praxis sind Fälle bekannt, wo Mitarbeiter aus privaten Gründen ihren Wohnort wechseln wollten/mußten. Um auf ihre Mitarbeit im Unternehmen nicht verzichten zu müssen, wurden für sie Home Offices in der neuen Wohnung eingerichtet. Diese Lösung kann - wenn auch nicht auf Dauer - für beide Seiten vorteilhaft sein.

Womit wir bei der negativen Seite der Medaille namens „Home Office" angelangt wären. Sie heißt „soziale Isolation". Die meisten Menschen sind nicht zum Heimarbeiter geschaffen. Sie brauchen den persönlichen Kontakt zu den

Kollegen. Sie brauchen die Teilnahme am alltäglichen Treiben im Betrieb, an den „Diskussionen in der Teeküche" und auch die Beobachtung und aktive Anteilnahme an kleinen und großen Veränderungen. Nur so kann das wichtige Gefühl von Zugehörigkeit und Verbundenheit zum Unternehmen entstehen und erhalten bleiben. Selbst das komfortabelste Videokonferenz-System am heimischen Schreibtisch ist nicht in der Lage, negative Gefühle des Unbeteiligtseins, der Isolation und deren Auswirkungen zu beseitigen.

Ausschließliche Tele-Heimarbeit kann zu sozialer Isolation führen. Das Gefühl der Verbundenheit mit dem Unternehmen nimmt ab.

2.3.2 Telelearning/Teleteaching

Die betriebliche Weiterbildung ist ein ideales Einsatzgebiet für Telematik-Anwendungen. Angesichts der steigenden Budgets für Fortbildung in den Unternehmen lohnt es sich, über alternative Lernformen, wie sie der Fernunterricht bietet, nachzudenken. In der Telematik steckt ein hohes Potential, Kosten und Zeit für Weiterbildungsmaßnahmen zu reduzieren.

Natürlich wird Telematik den menschlichen Trainer nicht komplett ersetzen können. Als Ergänzung beziehungsweise Vorbereitung zum klassischen Unterricht allerdings kann sie die Mitarbeiter beim Fernlernen wirkungsvoll unterstützen.

2.3.2.1 Selbstlernen mit Fernunterstützung durch Trainer

Ein Lernender arbeitet selbständig in einem CBT-Programm (Computer Based Training). Wenn er in eine Situation gerät, wo er nicht mehr weiter weiß, kann er sich Online-Hilfe von einem entfernten Trainer holen. Er kann ihn anrufen und sein Problem erläutern. Sodann schaltet sich der Trainer aus der Ferne auf den Computer des Lernenden auf. Er ist nun exakt über das Problem im Bilde,

Online-Hilfe: Lernender und Trainer „treffen" sich auf dem PC des Lernenden.

kann dem Lernenden helfen und ihn so weit im Programm begleiten, bis er allein, ohne die Hilfe des Trainers, weitermachen kann (Application Sharing).

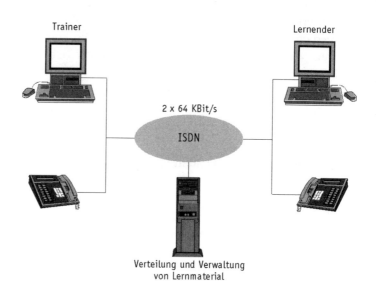

Bei Bedarf erhält der Lernende Online-Hilfe vom Trainer

2.3.2.2 Diskussionsforen und Austausch von Lernmaterial

Lernender und Trainer tauschen asynchron Meinungen, Unterlagen und Beiträge aus.

Über eine Verbindung zwischen dem Rechner des Trainers und den Rechnern der Lernenden lassen sich Unterlagen austauschen: (multimediales) Lernmaterial abholen oder erledigte Aufgaben an den Rechner des Trainers senden.

Mit Computer Conferencing lassen sich Diskussionsforen zu definierten Themen einrichten, in denen eine Gruppe von Lernenden Beiträge, Meinungen und Erfahrungen austauscht.

2.3.2.3 Fernunterricht über Videokonferenz

Bei dieser Form des Fernunterrichts trifft sich eine Gruppe von Lernenden und Trainer(n) mit Hilfe eines Videokonferenz-Systems in einem „virtuellen Klassenzimmer". Diese Variante kommt dem klassischen „Frontal-Unterricht" am nächsten. Lernende und Trainer haben Gelegenheit, sich persönlich kennenzulernen.

Lernende und Trainer treffen sich in einem virtuellen Klassenzimmer.

Häufig ist es ein Mix verschiedener Varianten von Fernunterricht, der die betriebliche Weiterbildung mit Telematik erfolgreich und wirtschaftlich macht.

2.3.2.4 Der große Durchbruch steht noch aus

Trotz berechenbaren Nutzens, trotz überzeugender Argumente für den sinnvollen Einsatz der Telematik in der betrieblichen Aus- und Weiterbildung und trotz zahlreicher sehr erfolgreich abgeschlossener Forschungsprojekte ist Telelearning in Deutschland, aber auch in Europa, noch nicht signifikant über das Stadium von Pilotprojekten hinausgewachsen. Die Einführung dieser Lernformen in den Unternehmen zieht sich länger hin als Protagonisten und Entwickler vermuteten. Wir sind dennoch davon überzeugt, daß Telelearning in Zukunft die betriebliche Aus- und Weiterbildung stark beeinflussen und verändern wird.

Telelearning ist noch nicht über Pilotanwendungen hinausgekommen.

Bereits seit dem Ende der achtziger Jahre unterstützt die Europäische Union mit immer neuen Förderprogrammen die praktische Erprobung und Verbreitung von Telelearning in der betrieblichen Praxis.

2.4 Netzkonzept für den Telematik-Einsatz

Der Markt bietet heute eine große Vielfalt von Multimedia-Produkten und technischen Komponenten für Telematik-Anwendungen. Bei ihrer Auswahl kommt es auf die

Die technischen Probleme sind gelöst. Worauf es ankommt: Auswahl der Komponenten und Integration in ein Kommunikationsnetz.

konkreten Anforderungen im Unternehmen an. Wesentliche Kriterien dabei sind

- die Anzahl der Teilnehmer an der Kommunikation
- ihre geografische Entfernung voneinander
- die Häufigkeit ihrer „virtuellen" Begegnungen
- die Anforderungen an Umfang, Qualität und Sicherheit der zu übertragenden Informationen
- die regionale Verfügbarkeit von Telekommunikationsdiensten.

Verschiedenste leitungsgebundene, aber auch mobile Übertragungsdienste, die ohne Draht und Anschlußdosen auskommen, erlauben eine Variantenvielfalt in Sachen Datenübertragung, die praktisch jede gewünschte Anwendung realisierbar macht.

Die technische Basis für die Übertragung von Informationen kann dabei sehr unterschiedlich sein: Ein Modem, das die Telefonleitung für die Übertragung nutzt, genügt sicher für das Verschicken von Briefen, Berichten, Protokollen, Zeichnungen. Je umfangreicher das Material wird, desto größer wird sein Datenvolumen. Für aufwendigere Bilder, zum Beispiel gescannte Fotos, aber auch für Filmsequenzen, empfiehlt sich eher ISDN, das in Deutschland, aber auch in Europa eine weite Verbreitung gefunden hat. Leistungsstarke ATM-Verbindungen schließlich bewältigen auch größte Datenmengen - sicher, in kürzester Zeit und höchster Qualität, sind allerdings auch mit relativ hohen Kosten verbunden.

Funknetze, wie D1, D2 oder E-Plus (ursprünglich für reine Sprachkommunikation entwickelt), aber auch Bündelfunk und Satellitendienste, bieten heute leistungsstarke Kapazitäten für die Übertragung von Daten. Die Bandbreite der Anwendungen und der dafür jeweils erforderlichen Soft- und Hardware ist groß, auch was den Preis anbelangt.

Die wichtigste Aufgabe beim Aufbau eines Kommunikationsnetzes besteht in seiner Konzeption und seinem Design, deren Grundlage die konkreten Anforderungen an das zukünftige Netzwerk bilden.

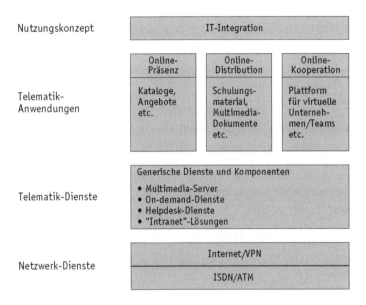

Das Telematik-Referenzmodell zeigt die Ebenen (Schichten), aus denen sich ein Kommunikationsnetz gestalten läßt

2.5 Praktische Business-Anwendungen

Immer bilden die betrieblichen Abläufe den Mittelpunkt der Betrachtung. Deren Unterstützung, Optimierung und Flexibilisierung ist die zentrale Aufgabe im Unternehmen. Moderne Kommunikationsformen, wie sie die Telematik

▶ Geschäftsprozeßmodellierung

ermöglicht, dienen ausschließlich diesem Zweck. Deshalb ist die Auseinandersetzung mit folgenden Fragestellungen erforderlich:

- In welchen Abläufen besteht Bedarf nach abteilungs- oder unternehmensübergreifender Kommunikation?
- Wie wirken sich die neuen Technologien auf den betrieblichen Alltag aus?
- Wie lassen sich Telematik-Anwendungen optimal in die Arbeitsprozesse integrieren?
- Welcher Komponenten-Mix kann die spezifischen Anforderungen am besten erfüllen?
- In welchem Verhältnis stehen Kosten und Nutzen?
- Sind die Investitionen auch dann noch sicher, wenn die Anforderungen wachsen oder sich verändern?

In verschiedenen Bereichen des Wirtschaftslebens haben Telematik-Anwendungen bereits ihren festen Platz gefunden.

2.5.1 Warenangebot unabhängig von der Verkaufsfläche

CD-ROM für multimediale Produktinformationen.

Im Konsummarkt finden wir viele Telematik-Anwendungen. So ersetzt beispielsweise die CD-ROM als Träger multimedial aufbereiteter Informationen vielerorts herkömmliche Papierkataloge. Außerdem stellt sie weit mehr „Verkaufsraum" zur Verfügung als jedes herkömmliche Warenhaus.

Angesichts ihres hohen Speichervolumens eignet sie sich beispielsweise als Träger des Angebots von Musiktiteln. An Multimedia-PCs können Kunden, geführt über ein Dialog-Menü, Titel ihres Interesses auswählen, anhören und gleichzeitig Sequenzen aus dazugehörigen Video-Clips anschauen. Gekoppelt an ein DV-System der Warenwirtschaft, lassen sich die vom Kunden gewünschten, nicht vorrätigen CDs auf schnellstem Wege bestellen.

2.5.2 Individuelle Kundenberatung

Verschiedene Autohändler bieten ihren Kunden einen besonderen Service: Sie können ihr Wunschauto selbst am Bildschirm zusammenstellen, Farbe von Lackierung und Sitzbezügen auswählen und alle Variationen von Extras sowie Sondermodelle anschauen - dreidimensional natürlich und unter verschiedenen Lichteinfallswinkeln, als gestochen scharfer Film und mit Hintergrundmusik.

Kunden stellen sich am PC „ihr" Produkt selbst zusammen.

Auch in Reisebüros finden sich kundenfreundliche Telematik-Anwendungen mit naturgetreuen Bildern oder Filmen von Reiserouten, Hotels, Zimmerausstattung und Umgebung. Über Rechnernetze können die Kundenberater unverzüglich freie Kapazitäten feststellen und die gewünschten Plätze buchen.

2.5.3 Außendienst mit aktuellen Informationen

Für Mitarbeiter im Außendienst genügen heutzutage Taschen voller Muster und Pröbchen schon lange nicht mehr. Vielmehr treten sie mit Notebook und Handy bewaffnet ihrer Kundschaft gegenüber. Worauf es ankommt: kundenorientiert aufbereitete Angebote in attraktiven produkt- und zielgruppengerechten Präsentationsformen - bunt, bewegt, variierbar, und hinterlegt mit aktuellen Daten, Informationen und Aufmerksamkeiten. Alles natürlich sofort bestellbar, nach der Online-Anfrage bezüglich aktuellen Preisen und Lieferzeiten. Multimedia und Telematik unterstützen den Mitarbeiter im Außendienst beim Erledigen formaler Angelegenheiten, seine Augen und Ohren können sich fast ausschließlich dem Kunden widmen. Nach dem Senden der Bestellung an das Unternehmen, antwortet dieses unverzüglich mit einer Bestätigung und löst sogleich alle Aktivitäten nach innen und außen aus, um die Wünsche des Kunden zu erfüllen.

Der Mitarbeiter im Außendienst kann Daten aus dem Unternehmen online abrufen, Bestellungen senden und Bestätigungen empfangen.

Für den Fall, daß bei einem Kunden kein Anschluß für die Datenübertragung verfügbar ist, hilft Mobilfunk weiter. Mit der Kopplung des Handys über einen Adapter an das Notebook, wird letzteres zum mobilen Endgerät, das über Funk die Datenverbindung zum Unternehmen aufnehmen kann.

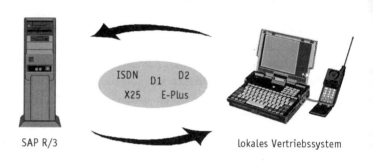

Beispiel einer Online-Verbindung vom lokalen Vertriebssystem zum zentralen SAP-R/3-System

2.5.4 Transport und Logistik

Flottenmanagement, Auftragsüberwachung und Disposition lassen sich mit Mobilfunk effektiv unterstützen.

Der Bereich Transport, Spedition und Logistik ist von Natur aus prädestiniert für den Einsatz von Telematik, hier sind vor allem Mobilfunk-Anwendungen interessant. Der Transport von Gütern erfordert eine lückenlose Informationskette, in die insbesondere auch die im Einsatz befindlichen Fahrzeugflotten einbezogen werden müssen. Funkdienste werden hier bereits seit einiger Zeit eingesetzt. Die Nutzung beschränkte sich jedoch vorwiegend auf die sprachliche Kommunikation.

Im Bereich des Flottenmanagements, der Disposition und der Auftragsüberwachung erlauben mobile Datendienste die direkte Integration der Flotten in die betriebliche Informationsinfrastruktur. Der Einsatz zusätzlicher Geräte in den Fahrzeugen, wie GPS (Global Positioning System), Drucker, Barcodeleser, Sensoren für die Betriebsdaten des Fahrzeugs, zum Beispiel Kühlraumtemperatur, Tachoscheibe, und das automatische Übertragen und Auswerten dieser Daten ermöglichen die lückenlose Lokalisierung der Fahrzeuge, die Überwachung ihrer Daten und entlasten den Fahrer.

2.5.5 Überwachung und Steuerung technischer Anlagen

Systeme für die Fernüberwachung und -steuerung technischer Anlagen waren bisher von einer leitungsgebundenen Infrastruktur abhängig. Mobilfunksysteme gestatten nun auch die Einbeziehung von Systemkomponenten in Gebieten, in denen ein Leitungsanschluß nicht verfügbar ist oder zu kostspielig wäre. Beispiele sind die Erfassung der Daten von Umweltsensoren in entlegenen Gebieten, die Überwachung von Parkscheinautomaten im Hinblick auf Funktion und Füllstand oder von Containern in der Entsorgungswirtschaft.

Online-Zugriff auf Daten auch in entlegenen Gebieten.

2.5.6 Wartung und Service

Wartungs- und Servicetechniker werden mit mobiler Datenkommunikation in die Lage versetzt, erheblich flexibler zu operieren, und sind von einer Einsatzleitzentrale effektiver zu disponieren. Aktuelle Auftragsdaten lassen sich jederzeit direkt an den Mitarbeiter übermitteln. Der Online-Zugriff auf aktuelle technische Informationen über die zu wartenden Einrichtungen ermöglicht ihm einen Überblick über benötigte Ersatzteile und deren Verfügbarkeit.

Wartung und Service flexibler, Rechnungslegung ohne Verzögerung.

Das unmittelbare Versenden der Informationen über erbrachte Wartungs- und Serviceleistungen (Arbeitszeiten,

Material) an die Zentrale macht eine sofortige Rechnungslegung möglich. Hier sind bei konventioneller Vorgehensweise mehrtägige Verzögerungen üblich, die mit entsprechend verspäteten Zahlungseingängen und Verlusten durch entgangene Zinsen verbunden sind.

2.6 Fazit:
Telematik ermöglicht neue Arbeits- und Lernformen

Telematik liefert die technische Basis für völlig neue Möglichkeiten zur Zusammenarbeit in weltweit verteilten, virtuellen Unternehmensstrukturen. Im Zuge der Globalisierung der Wirtschaft wird sich Telekooperation als neue Kommunikationsform etablieren.

Telematik erhebt keinen Anspruch auf Ausschließlichkeit. Auch wenn Teleworking Arbeitsformen mit großer Zukunft erlaubt, sollte man sie nicht euphorisch und kritiklos, sondern mit der gebotenen Sachlichkeit sehen. Wir werden uns nicht zu einem Volk von Telearbeitern entwickeln. Betriebliche Arbeitsplätze sind unverzichtbar, und der Betrieb wird auch in Zukunft der Mittelpunkt des Berufslebens sein.

Dort, wo Telearbeit die sinnvolle Alternative ist, sollte das Thema hingegen offensiv und mit der notwendigen Phantasie angegangen werden. Die rein technische Seite ist dabei nicht das Problem. Die Herausforderung und Chance liegt vielmehr in der Flexibilität und Mobilität der Mitarbeiter, ihrer Aus- und Weiterbildung und ihrer Bereitschaft zur Akzeptanz moderner Arbeitstechniken.

Nutzenpotential der Telematik

Der Nutzen von Telematik-Anwendungen für die tägliche Arbeit, aber auch für die Weiterbildung im Unternehmen, liegt auf der Hand:

- geringerer Aufwand an Kosten und Zeit durch Reduzierung von Reisen
- bessere Verfügbarkeit von Spezialwissen und externen Experten
- höhere Flexibilität bei der Zusammenstellung von Projektteams
- schnellere Reaktion auf veränderte Aufgaben
- stärkere Kundenorientierung
- vereinfachte Informationsbeschaffung und -verteilung.

Telematik kann die interne und externe Unternehmenskommunikation über beliebige Entfernungen hinweg wirkungsvoll und äußerst effizient unterstützen. Mensch und Unternehmen gewinnen zu ihrer lokalen Präsenz die Möglichkeit der weltweiten elektronischen Präsenz hinzu, und zwar nicht nur passiv, sondern interaktiv in audiovisueller Kommunikation.

Telearbeit ist nicht nur eine Nischenanwendung für spezielle Branchen. Sie ist die Grundlage für kurze Kommunikationswege.

2.7 Fallbeispiel Trainingsnetzwerk für die europäische Automobilindustrie

2.7.1 Steckbrief

Das Trainingsnetzwerk für die europäische Automobilindustrie TECAR (Training Network for the European Car Industry) stellt Dienste für das Training von Servicetechnikern durch neue Anwendungen der Telematik bereit. Das TECAR-Netzwerk überbrückt die europaweite Verteilung der Produktionsstandorte, der Experten und Trainer. TECAR-Dienste stellen multimediales Trainingsmaterial zum elektronischen Abholen bereit und bieten verschiedene Telematik-Anwendungen für die Kommunikation zwischen Lernenden und Trainern, wie Video- und Computer Conferencing oder Application Sharing.

Benefits
- Betriebliches Training wird kostengünstiger.
- Expertenwissen wird global verfügbar.
- Höhere Trainingsqualität durch aktuelles, individuelles und multimediales Material.

Entwicklungszeitraum

2 Jahre

Systemcharakteristika

TECAR-Dienste sind über eine Intranet-Kommunikationsplattform zugänglich, die auf EURO-ISDN basiert. Das Navigationssystem ist mit WWW-Technologie realisiert und integriert den Zugriff auf Informationen über verschiedene Telematik-Anwendungen.

Standards/Produkte

WWW-Technologie, Java, MS SQL-Server, Windows-NT-Server, EURO-ISDN, TELES Vision

2.7.2 Ausgangssituation

Immer kürzer werdende Produktzyklen sind typisch für die Automobilindustrie. Die Qualität des technischen Service nach dem Verkauf der Fahrzeuge ist ein entscheidender Wettbewerbsfaktor. Das technische Personal steht daher in permanentem Training - für die Montage neuer Teile, zum Kennenlernen veränderter und neuer Fahrzeugmodelle.

Sowohl die Produktion von Trainingsmaterial als auch dessen Einsatz in unterschiedlichen Lernszenarien unterliegen ständigen Anpassungen an die technische Entwicklung in der Branche und stellen höchste Anforderungen an Aktualität und Qualität.

Aus den steigenden Kosten für betriebliches Training resultiert der Bedarf, Trainingsabläufe und -material sowie dessen Produktion und Verteilung effizienter und kostengünstiger zu gestalten.

TECAR ist ein von der Direktion „Education and Training" der Europäischen Union (EU) gefördertes Projekt und Bestandteil des 4. Rahmenprogrammes der EU „Telematics Applications". Projektpartner sind Condat (Deutschland, Koordinator), Alcatel-SEL (Deutschland), EuroMedia Link (Italien), University College of London (England) sowie Mercedes-Benz (Deutschland) und Isvor-Fiat (Italien).

2.7.3 Technische Systemmerkmale

TECAR stellt ein Netzwerk bereit, in dem ein „On-demand Training Service" mit Multimedia-Server und PC-basierten Lernarbeitsplätzen realisiert ist.

Die asynchronen TECAR-Dienste an den Arbeitsstationen, wie E-Mail, Mediathek, CoD (Courseware on Demand) oder Computer Conferencing, sind TCP/IP-basiert

(Internet-Technologie). Sie stehen in einem „Virtual Private Network" (VPN) zur Verfügung.

Die synchronen TECAR-Dienste - Application Sharing und Video Conferencing - nutzen direkte EURO-ISDN-Verbindungen. Später ist die Integration sämtlicher Dienste in das VPN vorgesehen.

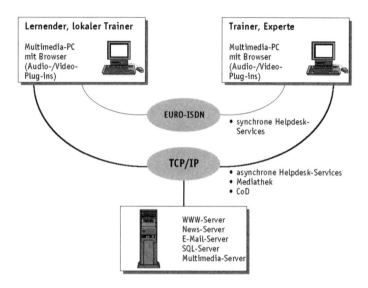

Das TECAR-Netz

Das TECAR Netz
- verbindet Produktionsstandorte mit der Zentrale
- verbindet Lernende mit Trainern und Experten
- stellt den Technikern (Lernenden) multimediales Kursmaterial zum Abrufen bereit
- stellt den Kursentwicklern, Trainern und Experten multimediale Komponenten (Rohmaterial) zum Entwickeln und Aktualisieren von Kursmaterial zur Verfügung
- nimmt von den Experten, Kursentwicklern und Trainern neue Komponenten (Rohmaterial) für neue Kurse auf.

2.7.4 Nutzungskonzept

Nutzer des TECAR-Netzwerkes sind das technische Personal, Experten, Kursentwickler und Trainer an sämtlichen Produktionsstandorten und in der Zentrale. Die Funktionen von TECAR sind über Dienste realisiert, die leicht zu bedienen sind und verschiedene Telematik-Anwendungen für die Kommunikation zwischen den Nutzern verwenden.

TECAR-Dienste sind die Mediathek, Courseware on Demand (CoD) und der Helpdesk-Service. Sie werden in Pilotversuchen zu zwei Schwerpunkten erprobt: zum Vorbereiten und Gestalten von Trainingsprogrammen für die Markteinführung von Nutzfahrzeugen und PKW und zum Aufbau einer interaktiven Beratung für die Nutzer der Trainingsprogramme.

2.7.4.1 Mediathek

Die Mediathek ist ein datenbankgestütztes System, das sich auf dem Multimedia-Server in der Zentrale befindet und „Rohmaterial" zur Erstellung von Trainingsmaterial enthält. Dazu zählen Schulungstexte, technische Zeichnungen, Fotos, Video-Clips, Simulationen und CBT-Previews.

Mit Hilfe des Mediathek-Dienstes können Kursentwickler und Trainer online auf das Rohmaterial zugreifen, um neues Trainingsmaterial zu entwickeln beziehungsweise vorhandenes zu aktualisieren oder anzupassen (zum Beispiel Sprachvarianten).

Die Mediathek wächst kontinuierlich, indem Experten, Kursentwickler und Trainer aktuelles Rohmaterial einspeichern.

2.7.4.2 Courseware on Demand (CoD)

Dieser Dienst gewährleistet den Zugang zu fertigem Kursmaterial, das nicht weiter verändert werden muß. Das Material steht auf dem Multimedia-Server allen TECAR-Nutzern auf Abruf zur Verfügung.

Darüber hinaus bieten elektronische Kataloge Informationen (Previews) zu Videofilmen oder anderen Medien an, die, ebenfalls auf dem Multimedia-Server, zu verschiedenen Themen zur Verfügung stehen und den Kursablauf an den Standorten ergänzen können.

2.7.4.3 Helpdesk-Service

Der Helpdesk-Service unterstützt die direkte Betreuung der Techniker (Lernenden) an den einzelnen Standorten durch (räumlich entfernte) Experten und Trainer. Die Basisfunktionen dieses Dienstes umfassen:

Asynchrone Kommunikationsformen:
- Electronic Mail für individuelle Fragen und Antworten
- Newsgroups als Diskussionsforen
- Frage-/Antwortlisten von allgemeinem Interesse
- Austausch von Dateien

Synchrone Kommunikationsformen:
- Video Desktop Conferencing
- Application Sharing für die gemeinsame, simultane Bearbeitung von Trainingsmaterial.

Der Helpdesk-Service steht allen Benutzern im TECAR-Netzwerk zur Verfügung.

2.7.5 Benefits und Potentiale

2.7.5.1 Betriebliches Training kostengünstiger

Kosten- und Zeitaufwand für Weiterbildungsreisen reduzieren sich oder fallen ganz weg. Wenn - wie beispielsweise bei Mercedes-Benz - die Servicetechniker in ca. 4000 europäischen Niederlassungen mit Lernmaterial zu versorgen sind, so entstehen auf konventionellem Wege hohe Kosten für die Produktion (Druck) und das Versenden des Materials auf Papier. Außerdem veraltet das Material binnen kürzester Zeit und muß durch neues ersetzt werden. Mit TECAR erübrigt sich die aufwendige Papiervariante. Lernmaterial entsteht elektronisch, läßt sich elektronisch aktualisieren und verteilen bzw. auf Abruf zur Verfügung stellen.

2.7.5.2 Expertenwissen wird global verfügbar

Experten bzw. Expertenwissen sind für alle Nutzer des TECAR-Netzwerkes erreichbar. Reisen ist teuer, und Telefonieren reicht häufig nicht aus, um Probleme anschaulich zu beschreiben und zu diskutieren. Die Funktionen des Helpdesk-Services erlauben „virtuelle" Treffen von Nutzern mit (entfernten) Experten zum Klären individueller Fragen. Weder Experten noch Nutzer müssen dafür verreisen.

2.7.5.3 Höhere Trainingsqualität

TECAR bietet höchste Flexibilität bei der Zusammenstellung von Lernmaterial. Indem die Kursentwickler auf einen ganzen Fundus multimedialen Materials in der Mediathek zugreifen können, lassen sich in effizienter Weise und in kurzer Zeit Lernunterlagen aktualisieren, aber auch individuelles Material zusammenstellen.

Bilder, Filme und Zeichnungen, als Ergänzung zu erklärenden Texten oder Tonaufnahmen, erhöhen die Anschaulichkeit des Lernmaterials und sorgen für effektives Lernen, aber auch für Freude am Lernen.

2.7.6 Fazit

TECAR realisiert neue Konzepte für die europaweite, kontinuierliche Qualifizierung der Servicetechniker in der Automobilbranche. Damit trägt das Projekt dem Trend Rechnung, daß der Kundenservice nach dem Verkauf eines Produktes zu den entscheidenden Wettbewerbsfaktoren zählt.

Das zugrundeliegende Konzept läßt sich problemlos auf andere Industriebranchen übertragen. TECAR zeigt neue Wege auf, wie sich die Potentiale von Telelearning, Teleteaching, aber auch von Telekooperation in den Unternehmen effektiv nutzen lassen.

2.8 Links und Literatur

http://www.iid.de/telearbeit/
Abhandlung zum Thema „IT und Beschäftigung"; Angebot eines Leitfadens zur Einführung von Telearbeit

http://www.echo.lu/telematics/
Übersicht über das von der EU geförderte Programm „Telematik-Anwendungen"

http://www.deteberkom.de/projects
Übersicht über Telematik-Anwendungsprojekte der DeTeBerkom

Greif, E.: *Computer-Supported Cooperative Work*. Morgan Kaufmann Publishers 1988

Steinmetz, Ralf: *Multimedia-Technologie*. Springer-Verlag 1993

3 Das Internet für weltweite Kommunikation

3.1 Begriffe

Das Internet ist ein weltweites Netz von Rechnern und Rechnernetzen, das seinen Nutzern eine Reihe von Diensten anbietet. Die Kommunikation zwischen den Rechnern basiert auf speziellen Standards, die das Netz unabhängig von Hardware und Betriebssystemen machen. Jeder Rechner ist über seine Adresse eindeutig identifizierbar. Das Internet besitzt keine zentrale Instanz im Sinne einer Netzadministration, die regelnd eingreift, außer bei der Vergabe der Adressen. Internet-Adressen sind einheitlich aufgebaut. Sie geben den kompletten Zugriffspfad auf Informationen an: Protokoll, Name des Servers (Rechners) und die Position der Information auf dem Server. Diese Adresse wird als URL (Uniform Resource Locator) bezeichnet.

Dem weltweiten Netz liegen Standards zugrunde, die es unabhängig von Hardware und Betriebssystemen machen.

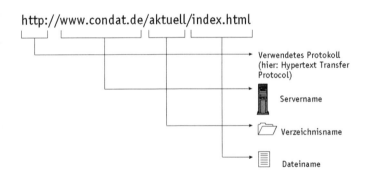

Aufbau einer URL (Internet-Adresse)

Neue Dienste und Standards oder Veränderungen setzen sich durch, indem die Nutzer sie als geeignet beurteilen und anwenden. Jeder Teilnehmer kann solche Dienste oder Standards anbieten. Im Zuge der zunehmenden kommerziellen Nutzung des Internet haben sich Industriekonsortien und Interessengruppen gebildet, die Impulse für neue Standards aufgreifen, neue Standards besprechen und verabschieden.

Einordnung

Internet-Technologie macht auch betriebliche DV-Anwendungen unabhängig und weltweit kommunikationsfähig.

Neben der wachsenden Popularität des Internet als „Informationsverteiler und -beschaffungsdienst" und „weltweites Diskussionsforum" entwickelt sich die Internet-Technologie zunehmend zu einer universellen Plattform für betriebliche DV-Anwendungen. Sie ermöglicht eine auf offenen Standards basierende DV-Umwelt, in der über leistungsfähige Netze (inhouse, über Geschäftsstellen, weltweit) und mit leistungsfähigen Werkzeugen DV-Anwendungen frei ausgetauscht werden können.

Wenngleich es formal direkt zur Telematik gehört, widmen wir dem Internet ein gesondertes Kapitel.

3.2 Geschichte des Internet

Das US-amerikanische Militär ist der Vater des Internet. Heute ist dieses Netz der größte Informationspool der Welt.

Das Internet entstand Ende der 60er Jahre im Rahmen des militärischen Forschungsprogramms der USA. Der Hintergrund: Strategisch wichtige Rechnerstandorte sollten so vernetzt werden, daß auch bei Teilausfall des Netzes die Datenübertragung gewährleistet ist. Dazu wurden viele, auch parallele, Leitungswege eingerichtet. Nachrichtenströme wurden in Pakete aufgeteilt, die unabhängig voneinander auf verschiedenen Wegen ihr Ziel erreichen konnten. Spezielle Programme numerierten die Pakete, sammelten sie ein, verbanden sie miteinander und forderten verlorene Pakete automatisch wieder an.

Später nutzten Universitäten und Großforschungseinrichtungen dieses Netz zum wissenschaftlichen Austausch innerhalb der USA. Hauptanwender waren dabei Physiker und Informatiker. Das erste Kabel, das die USA mit Europa verband, hatte seinen Endpunkt im Mathematischen Zentrum in Amsterdam. Von dort wurde dann eine erste Verbindung nach Deutschland, an die Universität Dortmund, gelegt. Ein Universitätsbereich hat sich später ausgegründet und gehört heute zu den größten Internet-Dienstanbietern (Providern) in Deutschland. Heute ist das Internet aus der vorwiegend militärischen und universitären Nutzung herausgetreten und zum Bestandteil betrieblichen und gesellschaftlichen Lebens geworden. Die genaue Anzahl der weltweit mit dem Internet verbundenen Rechner ist nicht bekannt, Schätzungen zufolge liegt sie bei etwa 40 Millionen; die Anzahl der WWW-Server wird auf 14 Millionen geschätzt.

Etwa 40 Millionen Computer sind heute an das Netz der Netze angeschlossen.

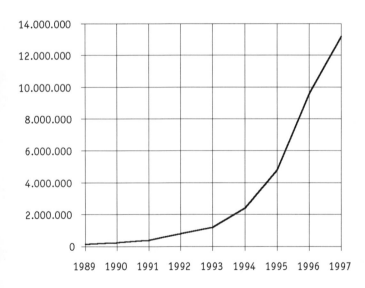

Die Anzahl der WWW-Server steigt sprunghaft an

3.3 Dienste und Standards

Das Internet verbindet Rechner, Netzwerke und Datenhaltungssysteme. Für die Kommunikation zwischen den Nutzern steht eine Reihe von Internet-Diensten und -Standards zur Verfügung.

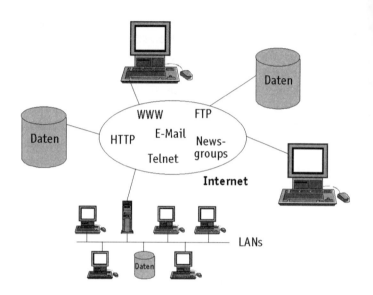

Komponenten des Internet

3.3.1 Das WWW (World Wide Web)

Das WWW ist der leistungsstärkste Internet-Dienst für Präsentation und Kommunikation.

Das WWW, im Sprachgebrauch zunehmend einfach Web genannt, ist der bedeutendste Dienst für betriebliche Anwendungen der Internet-Technik. Das WWW dient zum Abfragen und Präsentieren von Informationen im Internet, aber auch zur Kommunikation zwischen Menschen, Daten und Programmen. Die Informationen im WWW sind auf WWW-Seiten untergebracht. Zum Gestalten der Seiten dienen spezielle Standards. Struktur und Aufbau einer Seite sind festgelegt. Dadurch erhalten alle Informationen im WWW ein einheitliches Format und stehen allen Nutzern zur Verfügung.

Browser

Der Browser ist eine Software zum Anzeigen und Navigieren im Informationsangebot des WWW. Es gibt verschiedene Browser auf dem Markt. Sie unterscheiden sich zum einen in der Art und Weise, wie sie WWW-Seiten darstellen (Layout), zum anderen bieten sie unterschiedliche Funktionen für das Navigieren im WWW. Mit der Internet-Technik ist es erstmals möglich, Informationen aus unterschiedlichsten (System-)Welten einheitlich darzustellen.

Der Trend in der Entwicklung der Browser bewegt sich weg vom reinen Lokalisieren und Präsentieren hin zu immer höherer eigener Funktionalität. Der Nachteil bisheriger Browser-Technik liegt in der Passivität der dargestellten Seiten. Aktuellere Versionen besitzen die Fähigkeit, auch Programme (Applets) auszuführen, die Bestandteil einer WWW-Seite sind. Damit wird eine flexible Benutzer-Interaktion auf den dargestellten Seiten möglich. Die integrierten Programme können durchaus mit einem oder mehreren Servern Kontakt aufnehmen, um direkt Daten (einer Datenbank) anzufordern oder zu ändern.

Die Entwicklungen gehen noch einen wichtigen Schritt weiter. Ist die Art und Weise, wie ein Programm mit den Daten-Servern kommuniziert, heute im Programm versteckt und muß von den Entwicklern dieser Programme ausgestaltet werden, so soll zukünftig die CORBA-Schnittstelle (Common Object Request Broker Architecture), das heißt die Fähigkeit, einen nach dem CORBA-Standard definierten Dienst aufzurufen, eine im Browser integrierte Eigenschaft werden. Damit kann der Browser nicht nur statisch erstellte beziehungsweise dynamisch erzeugte WWW-Seiten lokalisieren und anzeigen - er kann dann auch aktive Dienste finden, ihre Beschreibung anzeigen und ihre Ausführung bewirken, ohne daß dazu separate Programme erforderlich wären.

3.3.2 HTTP (Hypertext Transfer Protocol)

Protokoll zum Austausch von WWW-Seiten (HTML-Dokumenten) im Internet.

3.3.3 HTML (Hypertext Markup Language)

HTML ist der Standard für die Darstellung der Informationen im WWW.

Seitenbeschreibungssprache, mit der beschrieben (codiert) wird, wie die Informationen im WWW dargestellt werden. HTML ist eine reine Seitenauszeichnungssprache. Es werden nur sehr einfache Strukturen - Überschriften, Absätze, Aufzählungen, oder Tabellen - mit Hilfe von Auszeichnungsbefehlen zugeordnet. Inhalte und Auszeichnungsbefehle sind im Klartext dargestellt. Dadurch lassen sie sich mit jedem Editor betrachten und ändern. Viele Office-Systeme bieten standardmäßig bereits HTML-Editoren an. Außerdem gibt es spezielle Werkzeuge, die aus normalen Texten automatisch HTML-Format generieren können. Viele solcher Werkzeuge lassen sich (teilweise) kostenlos direkt aus dem Internet beziehen.

HTML wird heute oft ergänzt durch andere Dokumentenformate, welche komplette multimediale Anwendungen auf den WWW-Seiten ermöglichen. Damit lassen sich zum Beispiel Video-Clips in einem eigenen Fenster auf der WWW-Seite abspielen oder Tondokumente wiedergeben.

3.3.4 FTP (File Transfer Protocol)

Datenübertragung (Filetransfer) zum/vom entfernten Rechner, üblicherweise mit Authentifizierung, aber auch anonym.

Anbieter von (kostenloser) Software stellen ihre Produkte beispielsweise zum Abholen über FTP bereit.

3.3.5 Telnet

Mit Telnet ist es möglich, auf einen entfernten Rechner zuzugreifen, sich dort anzumelden und ein Programm zu starten. Damit kann man quasi Programme auf fremden Rechnern benutzen, sofern man für den Zugriff autorisiert ist.

3.3.6 Electronic Mail

Spezielle Dateien (Mailfiles) werden nach einem Mail-Protokoll (Simple Mail Transfer Protocol - SMTP) ohne Authentifizierung im Internet angenommen und auf dem lokalen Rechner des Empfängers in einem besonderen Bereich bereitgehalten/abgelegt.

3.3.7 Newsgroup

Newsgroups sind nach Themen sortierte Diskussionsforen, wo jeder Teilnehmer Diskussionsbeiträge, Meldungen, Meinungen ablegen und lesen kann (Schwarze Bretter).

3.3.8 Helper Applications

Helper Applications sind Hilfsanwendungen (Programme), die es ermöglichen, Dokumente aus „fremden" Anwendungen anzuzeigen. Wenn beispielsweise ein Dokument aus dem Textverarbeitungsprogramm Word ankommt, so gibt die Helper Application den Befehl: „Öffne ein Word-Fenster mit diesem Dokument". Sodann kann der Empfänger das Dokument in dem separaten Fenster lesen. Dasselbe gilt für Zeichnungen aus diversen Grafikprogrammen.

3.3.9 Plug in

Plug ins sind die konsequente Weiterentwicklung der Helper Applications. Der Unterschied besteht darin, daß das Textverarbeitungsprogramm hier im Browser selbst angezeigt und ausgeführt wird. Auf diese Weise lassen sich Radioübertragungen, Videos und zunehmend auch TV-Programme direkt in den Browser integrieren. Teilweise werden Browser heute bereits mit Plug ins ausgeliefert, sie lassen sich aber auch individuell nachrüsten.

3.3.10 Suchmaschinen

Sie helfen bei der gezielten Suche nach Informationen im WWW. Suchmaschinen sind spezielle WWW-Server, die der Nutzer für Volltext-Recherchen verwenden kann. Suchmaschinen führen selbst Recherchen in allen im Internet vorhandenen WWW-Servern durch und speichern Informationen so ab, daß sich Suchanfragen schnell beantworten lassen.

3.3.11 Internet-Kataloge

Im Internet existiert eine Reihe von Online-Katalogen, die (fremde) WWW-Angebote thematisch katalogisieren. Meist können sich Anbieter von Informationen auch in diese Kataloge eintragen lassen.

3.4 Der Anschluß an das Internet

Für den Anschluß an das Internet ist die Verbindung zu einem Provider (Anbieter von Internet-Diensten) erforderlich. Ein Provider ist ein Betreiber einer großflächigen Netzinfrastruktur, welcher auch über internationale Anbindungen verfügt und (Wähl-) Anschlüsse an das Internet ermöglicht. Über diese Anschlüsse speisen die Provider die Informationen ihrer Kunden in das weltumspannende Netz ein. Mit den Providern arbeiten viele kleine Unternehmen zusammen, die sogenannten „Points of Presence (POPs)". Diese nehmen die Feinverteilung in Regionen vor und stellen die Übergänge (Gateways) zu unterschiedlichen Netzen bereit. Provider und POPs zahlen Gebühren für die Übertragung an die Telekom und berechnen sie an ihre Kunden weiter.

Internet-Provider schließen neue Nutzer an das Netz an und stellen Dienste bereit.

Die Kosten setzen sich wie folgt zusammen:
- Stand- oder Wählleitung, die Kosten trägt der Kunde
- Kostenbeitrag zur Netzinfrastruktur des Providers, denn das Netz kostet Miete bei der Telekom
- Kostenbeitrag zu den internationalen Anbindungskosten des Providers
- Kosten für die Datenübertragungen. Sie werden zumeist volumenabhängig berechnet.

Für den Nutzer bleibt die Notwendigkeit, seinen PC mit Internet-Protokollsoftware (TCP/IP) auszustatten und für eine Datenleitung (meist Modem oder ISDN) vom PC zum Provider zu sorgen. Außerdem braucht er noch Software für die jeweiligen Internet-Dienste, zum Beispiel einen WWW-Browser. Diese Ausstattung reicht aus, um das Informationsangebot und einen Teil des Dienstangebotes des Internet zu nutzen. Wenn ein Teilnehmer selbst zum Anbieter von Informationen werden möchte, ist noch einiges mehr erforderlich.

3.4.1 Wie gelangen Informationen ins WWW?

WWW-Server stellen die Informationen eines Anbieters bereit, organisieren und kontrollieren die Zugriffe auf die Informationen.

Informationen gelangen über sogenannte WWW-Server in das WWW des Internet. WWW-Server sind Rechner mit Internetadresse, auf denen alle Informationen eines Anbieters, die im Internet verfügbar sein sollen, in entsprechenden Standardformaten abgelegt werden. WWW-Server organisieren den Zugriff auf die Informationen, prüfen gegebenenfalls Berechtigungen (Autorisierung) und protokollieren alle Zugriffe für spätere Auswertungen. WWW-Server können auch Daten aus Datenbanken oder anderen Datenhaltungssystemen sowie aus DV-Anwendungen über spezielle Schnittstellen direkt in die WWW-Seiten übertragen. Solche Seiten nennt man „dynamische" WWW-Seiten.

Anwender stehen vor der Wahl, den WWW-Server im eigenen Hause oder bei einem Internet-Provider zu plazieren (Web Hosting).

Die aufwendigste Variante ist der **Server im Local Area Network (LAN)**, dem firmeneigenen Netzwerk. Der Vorteil: Er ist immer verfügbar, neue Informationen lassen sich auf direktem Weg eintragen, abrufen, entfernen oder anpassen. Für Anbieter, deren Informationen häufig wechseln und/oder sehr umfangreich sind, ist dies die empfehlenswerte Variante. Der Server im eigenen Haus braucht allerdings zusätzliche Schutzmechanismen gegen unbefugtes Eindringen in das Firmen-LAN. Sogenannte „Firewalls" (entweder reine Softwarelösungen oder Kombinationen aus Hard- und Software) blocken unberechtigte Zugriffe ab.

Eine weitere Variante ist das Kaufen dieser Dienstleistung direkt von einem Internet-Provider. **Der Server steht beim Provider**, zum Firmennetz besteht keine Verbindung. Das Unternehmen muß demzufolge keine zusätzlichen Sicherheitsvorkehrungen für das eigene Netz treffen. Dieses Verfahren hat Nachteile bei der Pflege des Informationsangebotes. Die Einbindung umfangreicher Inhalte oder größe-

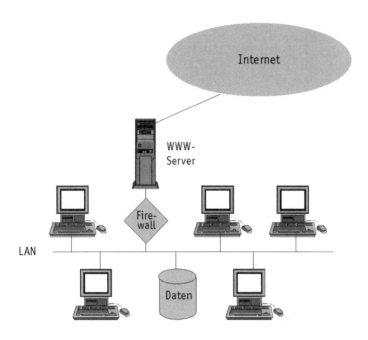

Der WWW-Server als Bestandteil des Firmen-LAN

re Änderungen müssen beim Provider durchgeführt werden, was mit Wegen zum Provider verbunden ist. Kleine Arbeiten auf den Seiten lassen sich größtenteils fernwirktechnisch (remote) durchführen.

Die dritte Variante ist der **Verzicht auf einen eigenen Server**. Wenn sich das Informationsangebot auf wenige Seiten beschränkt und/oder nur selten zu ändern ist, so lohnt sich der Aufbau eines eigenen Servers kaum. Für diese Fälle vermieten Internet-Provider Speicherplatz auf einem ihrer eigenen Server und plazieren dort die WWW-Seiten ihrer Kunden. Gegenüber den Interessenten ist nicht erkennbar, daß der Server „nur" von einem Serviceunternehmen betrieben wird. Der Informationsanbieter zahlt eine Gebühr an seinen Provider, die von der Anzahl der Seiten und der übertragenen Datenmenge abhängt.

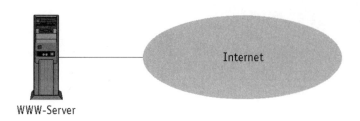

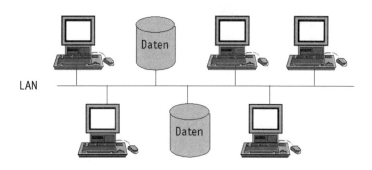

Der WWW-Server hat keine physische Verbindung zum Firmen-LAN

3.4.2 Wie findet man Informationen im WWW?

Am leichtesten lassen sich Informationen finden, wenn die Adresse des Anbieters bekannt ist. Ist das nicht der Fall, so kann die Suche zu einem (aufreibenden) Abenteuer beziehungsweise Geduldsspiel werden.

Suchmaschinen und Internet-Kataloge können sehr behilflich sein. Je nach Beschaffenheit lassen sie Volltext-Recherchen nach Stichworten oder auch nach Kombinationen von Stichworten zu.

3.4.3 Wie bietet man Informationen im WWW an?

Unternehmen stellen zumeist sich selbst, ihre Produkte, Dienstleistungen, Stellenangebote sowie Firmenneuigkeiten im WWW dar. Das ließe sich theoretisch mit reinem Fließtext, unterbrochen von Grafiken, realisieren. Das WWW bietet allerdings mit sogenannten Hyperlinks die Möglichkeit, die eigenen WWW-Seiten inhaltlich zu strukturieren, Verbindungen zu den WWW-Seiten anderer Anbieter herzustellen und zunehmend auch Programme auszuführen. Hyperlinks sind als markierte Textstellen oder Bilder erkennbar, zumeist andersfarbig und unterstrichen. Dahinter verbirgt sich ein HTML-Befehl für den Aufruf einer neuen (anderen) Seite oder eines Dienstes. Klickt der Nutzer den Hyperlink mit seiner Maus an, so führt der Browser den Befehl aus und ruft die adressierte Seite beziehungsweise den adressierten Dienst auf.

Über „Hyperlinks" entstehen Verbindungen zu anderen WWW-Seiten, auch zu denen anderer Anbieter.

Das Angebot an die „Besucher", dem Anbieter Meinungen über die WWW-Seiten selbst, über ihre Inhalte oder Fragen mitzuteilen, sollte in keinem Informationsangebot fehlen. Das läßt sich sehr einfach mit einem Formular für eine E-Mail realisieren, das sich direkt aus jeder Seite heraus absenden läßt. Auch Diskussionsforen lassen sich einrichten. Das Angebot zum aktiven Dialog innerhalb des WWW bestimmen die Anbieter der WWW-Seiten. Je spannender und einladender es ist, desto stärker wird es wahrgenommen.

Das WWW ist multimedial. Nicht nur Texte und Grafiken, sondern auch Tonaufnahmen und Filme sind in die WWW-Seiten integrierbar. Damit läßt sich ein überaus attraktives Informationsangebot zusammenstellen. Vom Geschick der Gestalter hängt die Qualität der Seiten ab und damit auch die Akzeptanz der Nutzer. Man sollte nicht vergessen: Je bunter, lauter und bewegter die Seiten sind, desto länger dauert es, sie zu laden. Laden nennt man jenen Vorgang im Internet, der nach dem Aufruf einer Adresse (Eingabe der Adresse oder Klicken auf einen Hyperlink) abläuft: Suche nach dem Server des Anbieters,

Je multimedialer (bunter, lauter, bewegter) ein Informationsangebot im WWW ist, desto länger dauert seine Übertragung.

Transport der Informationen auf den eigenen PC, Anzeigen des Inhaltes der Seiten.

Der Aufwand für das Gestalten des Informationsangebotes im WWW wird heute zu Recht mit dem einer Unternehmensbroschüre verglichen. Angesichts der vielfältigen Möglichkeiten, Informationen multimedial und interaktiv zu gestalten, wächst die Notwendigkeit einer speziell darauf ausgerichteten Qualifikation der Designer. Hier kann das Hinzuziehen externer Experten sinnvoll und wirtschaftlich sein.

Integration ausführbarer Programme

In WWW-Seiten lassen sich auch lauffähige Programme einbetten. Damit wird das Informationsangebot interaktiv. Der Benutzer kann die Programme ablaufen lassen und die Ergebnisse individuell weiterverarbeiten (manipulieren). Diese Programme laufen ohne spezielle Anpassung auf unterschiedlichsten Rechnersystemen.

Damit können Informationsanbieter ihren Kunden nicht nur statische Informationen, sondern auch interaktive Werkzeuge anbieten, mit denen sich beispielsweise die individuellen Leasing-Konditionen für ein Auto berechnen lassen.

3.5 Kommerzielle Nutzung

3.5.1 Praktische Beispiele

Über das Internet steht quasi die ganze Welt offen. Für Vertrieb und Marketing sind die weltweit 40 Millionen Teilnehmer ein gutes Argument, Produkte und Leistungen in diesem Netz anzubieten. Es ist nicht nur eine Image-Frage, im größten aller Infopools präsent zu sein.

Es gibt interessante Ansätze und Lösungen, diese Technik im und für das Unternehmen zu nutzen. Hier einige Beispiele:

Weltweit 40 Millionen Internet-Nutzer sprechen dafür, Produkte und Leistungen in diesem Netz anzubieten.

- Elektronischer Kundensupport via Internet für stärkere Kundenbindung: WWW-Server sind rund um die Uhr für schnelle Anworten und aktuelle Hilfetexte erreichbar.
- Zugriff auf Fakten aus Studien von Bundes- und Europabehörden, aus Förderprogrammen oder aus aktuellen Projekten
- Interne und externe Stellenangebote, Empfang multimedialer Bewerbungen
- Elektronische Ausschreibungen
- In Sekretariaten und Reisestellen gibt es neben Fahr- und Flugplänen auch Informationen zu U-Bahnnetzen oder Restaurants/Hotels
- Reisebüros stellen ihre Angebote, auf Wunsch auch mit Film und Fotos, im Internet dar; Kunden können online buchen
- Produkt-Kataloge und -präsentation, zum Beispiel von Verlagen, angereichert mit Leseproben; Kunden können online bestellen
- Hersteller liefern technische Dokumente via Internet
- Krankenhäuser senden Patienten- und Abrechnungsdaten direkt an die Krankenkassen
- Versicherungen bieten wenig beratungsintensive Produkte an, die der Kunde online bestellen kann
- Verschiedene Marketingaktionen, wie zum Beispiel das Angebot virtueller Erlebniswelten oder das Einrichten von Produkt-Fan-Clubs

3.5.2 Intranet für interne Kommunikation

Da für das Internet mittlerweile leistungsfähige und im allgemeinen günstige Software zur Verfügung steht, liegt es nahe, diese Technik auch unternehmensintern einzusetzen. Das Internet brachte Standards, welche Anwendungen plattformunabhängig machen. Wenn sie sich mit dem Intranet jetzt auch unternehmensintern durchsetzen, sind viele Wege für die interne Kommunikation geöffnet. Mit den Internet-Diensten lassen sich auf einfache Weise und mit einheitlicher Bedienoberfläche verschiedenste Groupware-Funktionen und Workflows realisieren.

▶ Workflows und Workgroups

3.6 Streng Getrenntes zusammenbringen: Internet- und Objekttechnik

Die Kombination von Internet-Technik und Objektorientierung gestattet neue Formen der praktischen Integration unterschiedlicher DV-Systeme.

▶ Objektorientierung

Eine hervorstechende Eigenschaft der DV-Landschaft in Unternehmen sind die große Vielfalt und harte Trennung von kaufmännischen und technischen DV-Systemen. Vor allem die technischen Systeme sind häufig individuelle Lösungen, jede auf verschiedenen Plattformen (Hardware und Betriebssysteme) und mit eigenen Bedienvorschriften und Dialogstrukturen. Es gibt kaum eine Möglichkeit, die Daten der einzelnen Systeme miteinander zu verknüpfen.

Die Internet-Technologie, kombiniert mit einer objektorientierten Systemarchitektur, kann diese Schwäche beseitigen. In einem System miteinander kommunizierender Objekte lassen sich technische Daten mit den kaufmännischen in logische Zusammenhänge bringen, ohne daß dafür ein neues Programm geschrieben werden müßte. Die Objekte sind dabei die „gekapselten" Einzelanwendungen mit ihren Daten und Funktionen. Sie können miteinander interagieren. Mit Hilfe der CORBA-Architektur lassen sich die Einzelsysteme in ein Gesamtsystem einbinden. Einzelne Bereiche, beispielsweise die Produktionsplanung und die Entwicklung, können unternehmensstrategisch neu zusammengestellt werden.

Steckerleiste für DV-Anwendungen

Das Internet wird somit zu einer großen Software-Steckerleiste, an der sich Software-Systeme mit ihren Diensten anmelden und wo der Browser die Anzeige der Eigenschaften dieser Dienste und ihren Aufruf übernimmt. Damit erhält der Browser quasi die Fähigkeit, Workflow-Prozesse durchzuführen, da er nun in der Lage ist, diese Prozesse aktiv anzustoßen und letztlich Status-Änderungen in dafür geschaffenen Anwendungsservern zu bewirken. Als Anwendungsserver muß man sich hier auch betriebswirtschaftliche Standardsysteme wie SAP/R3 oder Baan IV vorstellen, die dabei sind, ihre Eigenschaften über CORBA-Schnittstellen aufrufbar zu machen.

3.7 Fazit: Internet-Technologie liefert Basis für Anwendungsintegration

Die dem Internet zugrundeliegende Technologie macht es nicht nur als weltweiten Informationspool interessant. In Kombination mit der Objektorientierung weist es auch neue Wege zur Integration vorhandener DV-Anwendungen. In beiden Technologien steckt im Kern eine neue Architektur, welche die Welt als großes Lager von DV-Anwendungen versteht, die miteinander kommunizieren und Daten austauschen. Wenn diese weltweite Steckerleiste für Anwendungen Realität wird, das heißt, als verläßliches Backbone der Informationsbeschaffung und externen Software-Intelligenz angesehen werden kann, werden die Begriffe Workflow oder Groupware eine wahrhaft weltweite Bedeutung erfahren.

▶ Workflows und Workgroups

Netzinfrastruktur noch ungenügend

Das Internet gleicht einem Netz aus Landstraßen und ist noch kein globaler Daten-Highway.

Mit dem Internet erhält der Begriff *Entfernung* eine neue Bedeutung: Nah und weit sind keine Synonyme mehr für kurze und lange Wege, sondern für hohe und niedrige Übertragungskapazität. Die verfügbare Netzinfrastruktur ist demnach der Dreh- und Angelpunkt für die Business-Nutzung des Internet.

Die Simulationen von Vorgängen auf entfernten Hochleistungsrechnern und die zeitgleiche visuelle Darstellung der Ergebnisse am Arbeitsplatz, das Beurteilen von Röntgenaufnahmen durch entfernte Ärzte oder das gemeinsame Arbeiten einer Gruppe voneinander entfernter Personen an einem Projekt - all das sind anspruchsvolle Internet-Anwendungen, die durchaus realisierbar sind. Fakt ist, daß dafür hohe Übertragungskapazitäten notwendig sind, und Fakt ist auch, daß es bis heute in Deutschland keine adäquate Netzinfrastruktur gibt. Zeitkritische und Anwendungen mit hohem Übertragungsvolumen sind derzeit zwar mit der Internet-Technik, nicht aber mit der verfügbaren Netzkapazität möglich.

Wachstumsraten lassen schnelle Verbreitung von Business-Anwendungen erwarten.

Auch in Deutschland arbeiten die Internet-Provider am Ausbau der Netzinfrastruktur. Kein anderes Medium verzeichnet vergleichbar hohe Wachstumsraten. Kein Technikbereich entwickelt sich so rasant wie das Internet mit seinen Anwendungen und zeigt sich gleichermaßen adaptiv für ein derartiges Wachstum.

Risiko: Sicherheit

Für die Übertragung sensibler Daten sind zusätzliche Sicherheitskonzepte erforderlich.

Über das gesamte Internet hinweg erfolgt die Kommunikation zwischen zwei Rechnern normalerweise unverschlüsselt (im Klartext). Dadurch lassen sich die Informationen leicht abhören. Auch Passwörter gehen unverschlüsselt über das Netz und werden erst am Zielrechner verschlüsselt abgelegt. Dieser Nachteil vereitelt die Nutzung des Internet für eine umfassende Geschäftskommunikation.

Das Problem ist lösbar mit der Realisierung individueller Sicherheitskonzepte. Wenngleich zunächst mit zusätzlichem Aufwand verbunden, läßt sich das Risiko auf diese Weise minimieren. Für ein solches Vorhaben sollten ausgewiesene Experten zu Rate gezogen werden - eine Dienstleistung, die boomt.

3.8 Fallbeispiel Online-Katalog

3.8.1 Steckbrief

Cornelsen Online ist das Informations- und Produktangebot der Cornelsen Verlagsgruppe im WWW des Internet. Es beinhaltet den kompletten Produktkatalog mit begleitenden Informationen und der Möglichkeit, Produkte online zu bestellen. Neben dem Katalog bietet Cornelsen Online auch Unterrichtshilfen für Lehrer, Diskussionsforen sowie Verweise auf Veranstaltungen, Pressestimmen und Demo-Software.

Als Datenquellen nutzt das System verschiedene verlagsinterne Datenbanken. Erst in dem Moment, wo ein Internet-Besucher nach einem Angebot fragt, generiert das System die aktuellen Informationen aus Datenbanken in die WWW-Seiten. An ihren PC-Arbeitsplätzen pflegen Redakteure das multimediale Material in den Datenbanken (ergänzen, ändern, hinzufügen, löschen).

Benefits
- Zusätzlicher Vertriebsweg, der gleichzeitig zur Imagepflege des Verlages beiträgt
- Stärkere Kundenbindung durch attraktive und zielgruppengerechte Online-Angebote
- Intensive Kommunikation mit den Kunden und Nutzung ihrer Kreativität
- Höhere Aktualität des Produktangebotes durch dynamisches Generieren der WWW-Seiten

Entwicklungszeitraum
5 Monate

Systemcharakteristika
Cornelsen Online verbindet neue und vorhandene autonome DV-Lösungen und Datenhaltungssysteme und ist mit einem Client/Server-Netzwerk und Internet-Technik realisiert. Die Kommunikation im Netzwerk erfolgt über TCP/IP, HTTP und CORBA. Damit ist Offenheit gegenüber unterschiedlichen Systemkomponenten gewährleistet.

Standards/Produkte
WWW-Technologie, Java, CORBA, Oracle-DB, NeXT WebObjects, Windows NT

3.8.2 Ausgangssituation

Als einer der führenden deutschen Verlage für Bildungsmedien entwickelt Cornelsen Print- und Multimedia-Produkte zum Lernen und Lehren für allgemeinbildende Schulen, berufliche Schulen und für die Erwachsenenbildung im deutschsprachigen Raum. Das Verlagsprogramm umfaßt Materialien für fast alle Unterrichtsfächer und Schulformen und ist auf die Lehrpläne der einzelnen Bundesländer abgestimmt.

Um sein Produktangebot attraktiver zu gestalten, neue Medien für die Präsentation zu nutzen und neue Märkte zu erreichen, entschied sich Cornelsen für eine Präsenz im Internet, die anfangs auf statische WWW-Seiten beschränkt war.

Verlage sind prädestinierte Informationsanbieter im Internet, und daher war es auch für Cornelsen eine Frage der Positionierung im Wettbewerb, die Internet-Kundschaft mit einem benutzerfreundlichen und zielgruppengerechten Angebot zu bedienen.

3.8.3 Technische Systemmerkmale

Der WWW-Server befindet sich - physisch getrennt vom Netzwerk des Verlages - bei einem Internet-Provider. Dort ist zusätzlich ein Applikations-Server installiert sowie eine Kopie der benutzten Datenbanken des Verlages. Im Netzwerk des Verlages befindet sich eine komplette Kopie des WWW-Servers.

Die Redakteure pflegen mit ihren Redaktionssystemen die Informationen für Cornelsen Online in den Datenbanken im Verlag. In regelmäßigen Abständen werden die Datenbanken beim Provider ausgetauscht beziehungsweise aktualisiert.

Die dynamischen Elemente auf den WWW-Seiten von Cornelsen Online werden direkt bei Aufruf durch den Applikations-Server beim Provider durch aktuelle Informationen aus den Datenbanken ersetzt. Die Kommunikation zwischen den Internet-Kunden und -Interessenten und dem Applikations-Server erfolgt über den WWW-Server.

Online-Bestellungen der Internet-Kunden kommen beim Provider an und werden von dort per E-Mail an den Verlag geschickt.

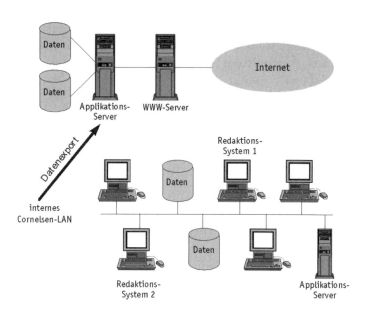

Systemarchitektur von Cornelsen Online

Im Verlag existieren bereits umfangreiche Produktinformationen in diversen Datenbanken. Diese Daten bilden die Basis für verschiedenste Werbemittel. Mit der Nutzung der Objekttechnologie war es möglich, die vorhandenen Daten und Programme zu kapseln und sie als Business-Objekte verlagsweit verfügbar zu machen. Damit lassen sich Inhalte weitestgehend medienneutral verwenden.

3.8.4 Nutzungskonzept

Die Internet-Präsenz des Verlages verfolgt mehrere Ziele, die über eine reine Imagepflege weit hinausgehen.

3.8.4.1 Werbung, Produktinformation und Online-Bestellung

Im Unterschied zum Papierkatalog sind die Produktinformationen im Online-Katalog multimedial und mit zusätzlichen Informationen angereichert: Werbetexte und -bilder, Verweise auf Veranstaltungen, Pressestimmen, Exzerpte aus Lehrbüchern, Leseproben und Demo-Software. Außerdem können die Internet-Kunden die Produkte online bestellen.

Screenshot aus http://www.cornelsen.de

3.8.4.2 Erstellen von Nutzerprofilen

Internet-Kunden und -Interessenten haben die Möglichkeit, während ihrer Internet-Sitzung Meinungen und Hinweise zum Informationsangebot an den Verlag zu senden. Dieses Feedback ist eine Grundlage für die kontinuierliche Verbesserung des Online-Angebotes.

Aus der Auswertung des Feedbacks, der Zugriffsfrequenz bestimmter Seiten und aus den Informationen über Kunden, die in den verschiedenen DV-Anwendungen des Verlages gespeichert sind, lassen sich Nutzerprofile ableiten. Damit ist es möglich, individuell modifizierte WWW-Seiten zu generieren, die auf die Interessen der jeweiligen Kundengruppe zugeschnitten sind.

3.8.4.3 WWW-Seiten initiieren neue Geschäftsprozesse

Mit Cornelsen Online ergeben sich neue Geschäftsprozesse, zum Beispiel die Überprüfung der Identität eines Online-Kunden, wenn er solche Produkte bestellen möchte, die nur von einer definierten Kundengruppe bestellt werden dürfen. So können beispielsweise nur bestimmte Fachlehrer spezielle Lernmaterialien bestellen.

3.8.4.4 Redaktionssystem zur Pflege des Informationsangebotes

Die Online-Inhalte enstehen in etablierten Arbeitsabläufen. Die Redakteure brauchen keine speziellen Erfahrungen mit HTML, um die Datenbestände an ihren PC-Arbeitsplätzen zu pflegen. Cornelsen Online stellt ihnen dafür ein „Redaktionssystem" zur Verfügung, mit dem sie ihre Daten unabhängig von den Spezifika der verwendeten Medien pflegen können. Das Redaktionssystem enthält spezielle Bedienoberflächen sowie verschiedene Grafik-Tools und HTML-Editoren.

3.8.5 Benefits und Potentiale

3.8.5.1 Zusätzlicher Vertriebsweg und neue Informationen

Cornelsen Online stellt einen zusätzlichen Vertriebsweg für den Verlag dar, der Online-Bestellungen erlaubt und dem Kunden aktuellste Informationen über den Verlag, seine Produkte und damit im Zusammenhang stehende Informationen liefert (Veranstaltungen, Presse). Aus den Kontakten im Internet erhält der Verlag gleichzeitig Informationen über die Kunden, ihr Kaufverhalten und ihre Interessen.

3.8.5.2 Verlagsweite Verfügbarkeit verteilter Datensammlungen

Mit der Wandlung der verschiedenen Datenbestände in unabhängige Business-Objekte stehen die in verschiedenen Abteilungen gepflegten Daten verlagsweit zur Verfügung. Sie sind unabhängig vom Zielmedium. Das heißt, es spielt keine Rolle, ob die Daten später Bestandteil des elektronischen Online-Angebotes sind oder in einer gedruckten Werbebroschüre erscheinen.

3.8.5.3 Stärkere Kundenbindung durch zielgruppengerechte Angebote

Mit den kontinuierlichen Informationen, die der Verlag über die Bedürfnisse und Gewohnheiten seiner Kunden erhält, ist er immer besser in der Lage, sein dynamisches Online-Angebot individuell an die einzelnen Kundengruppen (Lehrer, Schüler, Eltern, Presse) anzupassen. Multimedia, die Mischung aus Texten, Bildern, Tonaufnahmen und Filmen, erhöht dabei die Attraktivität des Angebotes.

3.8.5.4 Aktuelleres Produktangebot mit dynamischen WWW-Seiten

Mit Cornelsen Online entsteht ein lebendiges Informationsangebot, das die Kunden dazu animiert, öfter mal im Internet nachzuschauen, was es Neues bei Cornelsen gibt. Realisierbar wird diese Lebendigkeit, weil das Informationsangebot dynamisch entsteht.

3.8.5.5 Intensive Kommunikation mit den Kunden und Nutzung ihrer Kreativität

Cornelsen Online bietet neben den Online-Informationen auch „Online-Communities". Gemeint sind Foren für den Austausch von Meinungen und Erfahrungen zwischen Lehrern, für die Bildung von thematischen, schulübergreifenden Lerngruppen oder für Online-Diskussionen zwischen Experten.

Es ist vorgesehen, die DV-technische Lösung für die Erstellung des Online-Kataloges auf weitere Werbemittel anzuwenden, beispielsweise für Kundenzeitschriften.

Künftig soll es auch eine Direktverbindung zwischen dem öffentlichen WWW-Server (beim Provider) und dem Cornelsen-Firmennetz geben, die durch ein individuelles Sicherheitskonzept geschützt ist.

3.8.6 Fazit

Mit Cornelsen Online hat der Verlag kurzfristig eine ansprechende, qualitativ hochwertige Präsenz im WWW des Internet erreicht. Dabei ist Cornelsen Online kein isoliertes Geschäft, sondern die Erweiterung der bisherigen Geschäftstätigkeit auf einen neuen, aber verwandten Markt. Verlagsmitarbeiter aus den Redaktionen, dem Marketing und aus der Werbung waren an der Realisierung des Systems beteiligt.

3.9 Links und Literatur

http://www.rrzn.uni-hannover.de/inet-zu-de.html
Informationen über Internet-Provider in Deutschland

http://www.fmi.uni-passau.de/internet
Internet-Einführung mit vielen hilfreichen Verweisen

http://www.intranetjournal.com
Praktische Hinweise, Meinungen und Neuigkeiten zum Thema Intranet

http://www.sunstorm.com/amazing
Index aller wesentlichen Suchmaschinen

http://metacrawler.cs.washington.edu
Meta-Suchmaschine, die Ergebnisse von mehreren anderen sammelt

http://meta.rrzn.uni-hannover.de/
Meta-Suchmaschine für deutschsprachige Suchmaschinen

http://www.yahoo.com
Thematisch strukturierte Kataloge des WWW

http://www.dejanews.com
Suche in Millionen von archivierten News-Beiträgen

news://de.comm.internet.misc
Allgemeiner Austausch zu Internet-Themen

news://de.comm.internet.software
Fragen und Antworten zur benötigten Software

news://de.comm.internet.zugang
Fragen und Antworten zu Providern

InfoMagic: *Internet TOOLS*. Franzis 1996

Lycos: *The Official Lycos Guide to the Most Popular Internet Sites*. Que 1996

Schreiner, A.-T.: *Einblicke ins Internet*. Hanser 1995

Stoll, C.: *Die Wüste Internet*. S. Fischer 1996

4 Objektorientierung macht Komplexität beherrschbar

4.1 Begriffe

Objektorientierung kehrt zu den „Denkeinheiten" des Anwenders zurück.

Objektorientierung ist eine Abstraktionsmethode und gleichzeitig eine Programmiertechnik, um reale betriebliche Abläufe und Strukturen abzubilden beziehungsweise zu modellieren.

Philosophisch betrachtet bedeutet Objektorientierung das Zerlegen der IuK-Probleme (des Unternehmens) in für sich selbständige Geschäftsobjekte, die ihre „Intelligenz" (Funktionen und Daten) in sich bergen und in einer offenen Welt frei aufruf- und kombinierbar sind.

Objekte kann man sich als Kapseln vorstellen, welche sowohl Daten als auch die darauf anwendbaren Funktionen (Methoden) enthalten. Die innere Struktur der Objekte ist von außen nicht erkennbar. Die Objekte werden in Klassen und spezialisierte Klassen (Subklassen) gleichartiger Objekte eingeteilt und in sogenannten Klassen-Bibliotheken verwaltet. So könnte es beispielsweise eine Klasse „KFZ" (Kraftfahrzeug) geben. Subklassen wären dann „LKW" oder „PKW". Jeder einzelne PKW-Typ ist ein Objekt seiner Subklasse (siehe Abbildung Seite 67).

Ein Objekt enthält das Abbild eines bestimmten Ausschnittes des realen Unternehmens. Solche Ausschnitte können auch ein komplettes (Alt-) DV-Programm oder eine Datenbank-Anwendung sein, die nun als autonome Objekte in einem objektorientierten System über standardisierte Schnittstellen miteinander kommunizieren können.

Objektorientierung

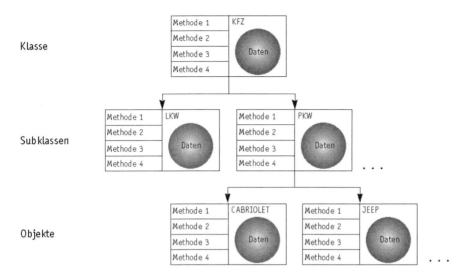

Klassen, Subklassen und Objekte

4.2 Die Konzepte der Objektorientierung: Spezialisierung und Generalisierung

Die Objekttechnologie hat drei Eigenschaften, die ihr Wesen bestimmen: Kapselung, Vererbung und Polymorphie.

4.2.1 Kapselung

Objekte kann man sich als Kapseln vorstellen, welche Daten und Funktionen zu ihrer Verarbeitung enthalten. Wie „black boxes" verbergen sie ihre innere Struktur vor dem Anwender. Man darf auch sagen: Sie belasten den Anwender nicht mit ihrer möglicherweise hohen Komplexität. Jedes Objekt hat einen definierten Funktionsumfang, sozusagen seinen speziellen Verantwortungsbereich.

Objekte „kapseln" Daten und Funktionen. So werden auch Einzellösungen zu Bestandteilen eines Gesamtsystems.

Methode 1	DATEN
Methode 2	
Methode 3	
Methode 4	

Kapselung

Der Anwendungsentwickler nutzt die vorhandenen Objekte, ergänzt sie, fügt neue hinzu, ohne die in ihnen definierten Beziehungen zu den anderen Objekten sowie die interne Datenhaltung kennen zu müssen. Änderungen an einem Objekt wirken sich nicht auf das Gesamtsystem aus, wenn ihre Schnittstellen zum System nicht verändert werden.

Auf der Ebene der Business-Objekte entstehen abgeschlossene interoperable, portable und wiederverwendbare Softwarekomponenten, welche die reale Unternehmenswelt abbilden. Als Business-Objekte werden solche Objekte bezeichnet, die wesentliche Elemente der Geschäftstätigkeit beinhalten und komplexe Abläufe repräsentieren. Die „richtigen" Business-Objekte zu finden, zu identifizieren und zu definieren ist eine notwendige Bedingung für ein erfolgreiches objektorientiertes System und vor allem eine Design-Aufgabe. Sie setzt die sorgfältige Auseinandersetzung mit den Geschäftsabläufen voraus. Hier kann es sehr hilfreich sein, Unterstützung durch externe Berater mit Design-Erfahrung einzuholen.

Nach dem Prinzip der Kapselung lassen sich auch Altanwendungen beziehungsweise Einzellösungen in objektorientierte Systeme integrieren (legacy wrapping). Sie verhalten sich dann mit ihren Daten und Funktionen wie Business-Objekte, deren innere Komplexität den Anwender nicht interessiert.

4.2.2 Vererbung

Jene Merkmale, die mehrere Objekte gemeinsam haben, werden in Klassen zusammengefaßt. Bei der Bildung spezialisierter Klassen (Subklassen) vererben sich die Eigenschaften der Klasse auf die Subklassen. Neue Objekte werden einer Klasse beziehungsweise Subklasse zugeordnet und erhalten damit automatisch die dazugehörigen Eigenschaften.

So kann es beispielsweise eine Klasse „PKW" geben, die alle gemeinsamen Merkmale der verschiedenen Modelle zusammenfaßt. Gemeinsame Merkmale der Klasse „PKW" sind beispielsweise, daß sie alle Bremsen, Lenkung, Getriebe, Motor haben. Jeder PKW-Typ („Cabriolet", „Jeep") ist ein Objekt der Klasse „PKW", welches die Eigenschaften dieser Klasse erbt.

Objekte werden in Klassen zusammengefaßt. Sie vererben ihre gemeinsamen Eigenschaften an Subklassen und dazugehörige Objekte.

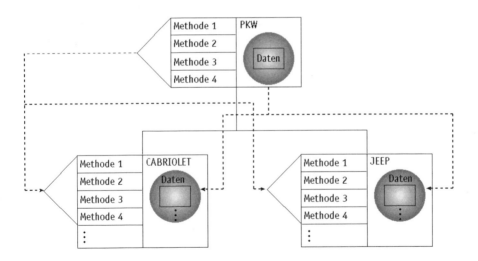

Vererbung

4.2.3 Polymorphie

Dieselbe Anfrage löst in den Objekten verschiedene Mechanismen für das Erbringen eines Ergebnisses aus.

Eine gleichlautende Anfrage an das System löst in den angesprochenen Objekten durchaus unterschiedliche Mechanismen zu ihrer Bearbeitung aus. Der Anfragende weiß nichts von diesen Unterschieden, der Empfänger dagegen interpretiert die Anfrage und wählt das Objekt mit dem betreffenden Mechanismus aus. Diese Eigenschaft heißt in der Objekttechnologie Polymorphie.

Um bei unserem Auto-Beispiel zu bleiben: Eine Anfrage könnte lauten: „Bestelle Teile". Wenn sich die Anfrage auf Jeeps bezieht, so ist ein anderer Lieferant mit möglicherweise anderen Lieferbedingungen für das Erledigen der Anfrage anzusprechen als bei den Cabriolets.

Polymorphie

4.3 Repräsentation der Organisation: Prozeß- und Objektmodelle

Der Austausch von Nachrichten zwischen Objekten entspricht der Kommunikation zwischen Abteilungen.

So wie Mechanismen der Objektorientierung ein ideales Werkzeug für die Strukturierung von Systemen sind, eignen sie sich auch für die Gestaltung von Organisationen. Stellenbeschreibungen und die Festlegung von Abteilungen sind nichts anderes als Schnittstellen-Definitionen. Die Delegation von Aufgabenbereichen ist dabei durch die Vererbung darstellbar, die Einrichtung neuer Abteilungen und Stellen durch das Erzeugen neuer Objekte. Der Austausch von Nachrichten zwischen Objekten entspricht der Kommunikation zwischen Abteilungen beziehungsweise Stellen.

Somit läßt sich eine informationstechnische Repräsentation der Organisation erarbeiten, die in der Lage ist, die Komplexität auch größter Unternehmen zu bewältigen.

Der Erfolg von Objektorientierung setzt Verständnis für die grundlegenden Prozesse und deren wesentliche Probleme innerhalb eines Unternehmens voraus. Das Wissen um die Prozesse ist letztlich viel wichtiger als die Technologie. Gerade das scheint in der Praxis äußerst schwierig. Wer kennt schon die Prozesse richtig?

▶ Geschäftsprozeßmodellierung

Die Neuausrichtung der Geschäftsabläufe ist eine unabdingbare Voraussetzung für das Einführen unternehmensweiter DV-Lösungen, mit dem Ziel, Abläufe zu rationalisieren. Dies kann nur auf Basis einer guten Analyse (Geschäftsprozeßmodellierung) der zu reformierenden Abläufe erfolgen und findet seinen Niederschlag in Prozeßmodellen. Wer Prozesse mit IuK-Technik unterstützen will, muß innerhalb der Prozeßmodelle oder ergänzend zu ihnen herausarbeiten, mit welchen „Objekten" der realen Welt umgegangen wird und wie diese innerhalb von IuK-Technik repräsentiert sind. Anders ausgedrückt: Neben dem optimierten Geschäftsablauf muß ein langfristig stabiles Modell von Geschäftsobjekten (zum Beispiel Vertrag, Kunde, Antrag) für den jeweiligen Anwendungskontext entworfen werden. Nur mit einem soliden Verständnis von Prozessen und Objekten erhält die (meist in mehreren/mehrjährigen Schritten erfolgende) Umstellung ein langfristig tragfähiges Fundament.

Objekte finden und prüfen in Rollenspielen

Die effiziente Modellierung der Objekte braucht kreative Teams. Rollenspiele haben sich bewährt.

Nicht ohne Grund kann man häufig lesen, daß das Design und die Modellierung von Objekten zum einen Teil Wissenschaft sei, und zum anderen Teil Kunst.

Denken wir an die Eigenschaften der Objekte. Es sind autonome Einheiten mit eigenen Verantwortlichkeiten. Von ihrer Qualität hängt letztlich die Qualität des Gesamtsystems ab. Um die Objekte zu finden und zu definieren, haben sich in der Praxis Rollenspiele bewährt - für mehr Verbindlichkeit und für die Überprüfung der Richtigkeit und Stimmigkeit ihrer Funktionalität. Was auf den ersten Blick beinahe albern anmutet, zeigt Wirkung: Jeder Teilnehmer in diesem Spiel übernimmt eine Rolle. Er sagt zum Beispiel „Ich bin ein Kaufvertrag und bin für dies und jenes zuständig, kann dies und jenes leisten". Die anderen Mitspieler fragen aus ihren Rollen heraus nach Diensten, die sie benötigen. Die anderen überlegen, ob sie in der Lage sind, diesen Dienst zu erbringen und antworten: „Ich kann das".

Es ist festzustellen, daß sich bei solchem Rollenspiel die Mitspieler im Verlauf des Spiels tatsächlich immer stärker mit ihrer Rolle identifizieren. Ist ein Bild von den Objekten und ihren Funktionen entstanden, dann werden die „Karten neu gemischt". Jetzt ist ein anderer Spieler der „Kaufvertrag". In dieser zweiten Runde zeigt sich schnell und deutlich, ob die Kommunikation zwischen den Objekten reibungslos funktioniert und ob die Verteilung der Funktionen sinnvoll ist.

Das Rollenspiel hat noch eine zweite entscheidende Wirkung: Es entsteht Konvergenz zwischen Mitarbeitern aus den Fachabteilungen und DV-Fachleuten. Das ist eine weitere entscheidende Voraussetzung für erfolgreiche Projekte - nicht nur mit Objekttechnik.

4.4 Eine Architektur für evolutionäre Systementwicklung

Das Herausragende an der Objektorientierung ist die ihr zugrunde liegende Architektur. Sie ermöglicht es, daß sich die Dienste innerhalb der Objekte sehr einfach ändern lassen. So ist das System in der Lage, ständig neue Abläufe und Vorgehensweisen widerzuspiegeln. Die Veränderung einzelner Objekte hat dabei keinen Einfluß auf die unverändert bleibenden Bereiche des Gesamtsystems.

Das Verändern oder Hinzufügen von Objekten hat keinen entscheidenden Einfluß auf das Gesamtsystem.

Diese Architektur gewährleistet, daß sich das Gesamtsystem stets parallel zum Unternehmensmodell entwickelt. Das System kann sogar der Entwicklung des Unternehmensmodells vorgreifen, indem es neue Vorgehensweisen schon unterstützt, bevor sie effektiv genutzt werden.

Im gleichen Maße, wie sich die Geschäftstätigkeit ausweitet, werden auch die Informationssysteme immer komplexer. Die Objektorientierung ermöglicht es, diese Komplexität von der Handhabung der Objekte fernzuhalten.

4.4.1 CORBA: ein Standard für die Verständigung der Objekte

Objektorientierung kommt nicht ohne Standards aus. Damit sich die Objekte untereinander eindeutig verstehen können, sind definierte Schnittstellen notwendig. Diesem Thema hat sich die Object Management Group (OMG) verschrieben. Die OMG ist ein Zusammenschluß von Hardware- und Softwarehäusern. Sie hat einen Standard für das Zusammenwirken von Objekten in einer verteilten DV-Umgebung in Form des Object Request Brokers (ORB) entwickelt. Der CORBA-Standard (Common Object Request Broker Architecture) stellt die notwendigen Schnittstellen für die Anbindung verschiedenster Hard- und Software-Plattformen an das Gesamtsystem bereit. So kümmert sich CORBA um die Kommunikation und erledigt alle

Der CORBA-Standard sorgt für die reibungslose Kommunikation zwischen den Objekten.

technischen Notwendigkeiten des Dienste-Aufrufs. Deshalb benötigt ihn jede Komponente im Netz, sowohl innerhalb der eigenen als auch in Verbindung mit anderen Plattformen.

Für die unterschiedlichen DV-Anwendungssysteme bedeutet der ORB, daß sie sich nicht mehr darum kümmern müssen, wo im Netzwerk der gewünschte Dienst zu finden ist, in welcher Sprache er programmiert ist und wie man ihn auf einem fremden System aktiviert.

Rahmen für die Integration heterogener Anwendungen

▶ Funktionen anderer DV-Systeme lassen sich aus jeder Anwendung heraus nutzen.

Objektorientierte Konzepte betrachten ein Rechner-Netzwerk zunächst nicht als Ansammlung von Rechnern, die verschiedene Dienste anbieten, sondern als eine Ansammlung von Objekten. Diese verteilten Objekte lassen sich in einem heterogenen Netzwerk mit den von ihnen bereitgestellten Diensten (Funktionen) beliebig manipulieren, ohne daß Netztopologien, Rechnertypen, Ort und Lage der Objekte zu berücksichtigen sind.

Mit CORBA läßt sich eine Art „Software-Bus" realisieren. Man darf sich die entstehende System-Architektur als eine unendlich erweiterbare Objekt-Steckerleiste vorstellen. Immer neue Objekte lassen sich „einklinken". Der Verwaltungsaufwand für das Zusammenspiel der beteiligten Rechner bleibt dabei minimal (siehe Abbildung Seite 75).

So lassen sich Informationen zwischen Anwendungen austauschen, die in unterschiedlichen Programmiersprachen geschrieben wurden, unabhängig von darunterliegenden Betriebssystemen oder Netzwerken.

▶ Workflows und Workgroups

Die Vorteile (Merkmale) der Objektorientierung für die Entwicklung komplexer Softwaresysteme lassen sich fast ausnahmslos auf die Gestaltung und das Management von Bürokommunikationssystemen (BK-Systemen) übertragen. Angesichts der stürmischen Entwicklung im Bereich

Objektorientierung 75

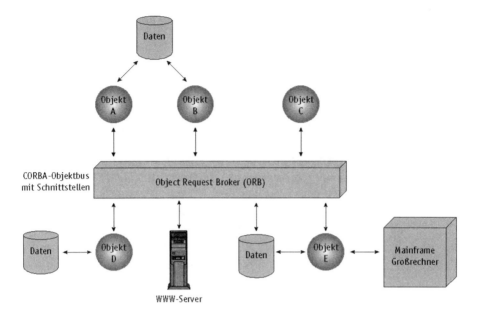

Verteilte Komponenten am CORBA-Objektbus

der Netzwerkstandards und der Telekommunikation ergeben sich für solche BK-Systeme, welche das gemeinsame Arbeiten verteilter Gruppen unterstützen, völlig neue Perspektiven. Mit Objektorientierung wird es möglich, aus jedweder Anwendung heraus Funktionen anderer Softwaresysteme über weite Strecken und ohne Zeitverlust zu nutzen.

Braucht zum Beispiel ein Sachbearbeiter im Vertrieb aus dem Objekt „Kundenauftrag" den direkten Zugang zu einem anderen Objekt, etwa zu einer zugehörigen „Bestellung" oder einer „Stückliste", so stellt das System die Verbindung zu den anderen Objekten her. Der Sachbearbeiter muß nicht wissen, wo sich die Objekte befinden.

4.4.2 Kommunikation in virtuellen Strukturen

Kurzfristiger Zusammenschluß von Stellen aus verschiedenen Unternehmen und Organisationseinheiten für eine bestimmte Aufgabe.

Jedes Unternehmen lebt von der Kommunikation mit anderen Unternehmen und deren Mitarbeitern, vom ständigen und intensiven Austausch von Informationen im Geflecht von Mitarbeitern, Lieferanten, Herstellern und Kunden. Objektorientierung bildet die verbindende Klammer um alle technischen Komponenten. Der Lieferant könnte Zugriff auf die Daten des Kunden bekommen. Der Kunde könnte bei seinem Lieferanten die Bearbeitung seiner Aufträge verfolgen, seine Kundendaten pflegen und Aufträge einsteuern. Diese noch ungewohnte Art der offenen Kooperation erfordert neben neuen Technologien auch offene Mitarbeiter, die bereit sind, im Team jenseits der Hierarchien zu arbeiten. Eine der Folgen ist, daß die bislang klar definierten Unternehmensgrenzen durchlässiger werden. Außerdem besteht die Chance, daß mit der offenen Kommunikation auch das Vertrauen der Firmen zueinander steigt. Unternehmen und Mitarbeiter, die sich in dieser Richtung schneller vorwärts bewegen als andere, können entscheidende Wettbewerbsvorteile erlangen.

▶ Internet

Mit der Verbindung von Objekt- und Internettechnik lassen sich völlig neue Organisationsformen verwirklichen. So können temporäre, funktionale „virtuelle Unternehmen" entstehen: aus dem kurzfristigen Zusammenschluß der notwendigen Stellen verschiedener Einheiten für eine bestimmte Geschäftsaufgabe.

Entwickler der Internet-Technologie sind dabei, das Internet durch Vereinheitlichung von Aufrufschnittstellen über den CORBA-Standard zu einem großen Objekt- beziehungsweise Dienstverzeichnis zu machen, wobei sich diese Dienste aus dem Browser heraus aktivieren lassen.

4.4.3 Kombination unterschiedlicher Medien mit OLE

Object Linking and Embedding (OLE) war ursprünglich ein dokumentenorientierter Ansatz. Er diente dazu, Dokumente unterschiedlicher Herkunft und mit verschiedener Funktionalität (Texte, Grafiken, Bilder, Videos, Tonaufnahmen etc.) in einem Dokument einschließlich ihrer spezifischen Verarbeitungsfunktionen zu vereinen. Damit erlaubt OLE dem Anwender multimediales Arbeiten.

Über moderne OLE-Automation, neuerdings „Active x" genannt, lassen sich aber auch Anwendungen (Word, Excel usw.) oder aber die Dienste von Objekten eines CORBA-basierten Systems aufrufen, beispielsweise um die Ergebnisse eines Dienstes in einer Excel-Tabelle darzustellen.

4.4.4 Anwender ruft Dienste auf, keine Programme

Nehmen wir beispielsweise ein in der Materialwirtschaft enthaltenes Objekt mit der Bezeichnung „Stückliste". Zu diesem Objekt gehört ein Spektrum von Funktionen, die alle mit Stücklisten zu tun haben: „erstellen", „ändern", „weiterleiten an" oder „drucken". So eine Funktion heißt in der Fachsprache „Methode". Dieser Begriff erklärt - jedenfalls im Deutschen - nicht den dahinterstehenden Fakt. Wir wählen dafür den Begriff „Dienst". Jedes Objekt beinhaltet eine Reihe definierter Dienste, die der Anwender aus einem Verzeichnis auswählen kann. Er muß nicht - wie sonst üblich - das Programm „Materialwirtschaft" aufrufen, um dann über mehr oder minder komfortable Dialog-Menüs die Stückliste zu erstellen, sondern er wählt aus einem Verzeichnis den Dienst „Stückliste erstellen". Verschiedene Parameter können dabei die Art der Stückliste noch näher definieren. Vom System erhält er das Formular der Stückliste, ohne wissen zu müssen, wo sich das Objekt mit Daten und Funktionen befindet. Weder Kennt-

Anwender müssen kein Netzwerk und keine Datenbank kennen, um Dienste vom System zu erhalten.

nis oder Zugriff auf ein spezielles Anwendungsprogramm noch Zugriffsrechte auf spezielle Datenbanken sind erforderlich, um das gewünschte Ergebnis zu erhalten.

Soweit das spezielle Programm irgendwo im Netzwerk existiert und die entsprechenden Objekte mit ihren speziellen Diensten definiert sind, kann jeder Anwender Ergebnisse dieses Programmes erhalten. Das ist in herkömmlich strukturierten und funktional orientierten Systemen undenkbar.

4.5 Fazit: Objektorientierung ist Grundlage für offene Systeme

Mit Hilfe der objektorientierten System-Architektur wird Anwendungsfunktionalität genau dorthin transportiert, wo sie gerade gebraucht wird, unabhängig vom Standort ihrer Speicherung - unternehmensweit, aber auch weltweit. Diese Interoperabilität ermöglicht eine abteilungs- und unternehmensübergreifende Zusammenarbeit sowie die Einbindung von Kunden auf der Basis gemeinsamer Business-Objekte.

Mußte sich der Anwender bisher nach den Möglichkeiten des Computers richten, so richtet sich mit Hilfe der Objektorientierung erstmals der Computer nach den Bedürfnissen des Anwenders. Objekte sind leicht zu verstehen, weil sie die Sprache des Anwenders benutzen und den täglichen Aufgabenstellungen des Endanwenders entsprechen. Deshalb steht und fällt ein objektorientiertes DV-System mit der Modellierung und der Definition der Objekte sowie mit dem Festlegen der Klassenvereinbarungen.

Anbieter von Standardsoftware setzen zunehmend objektorientierte Methoden bei der Entwicklung ihrer Software-produkte ein. Dabei geht es vor allem um die Verwendung standardisierter Schnittstellen. Sinn der Sache ist die spätere Anbindung beliebiger Fremdsysteme. Man kann es auch anders herum sagen: Objektorientiert entwickelt, wird Standardsoftware problemlos zum Bestandteil eines existierenden objektorientierten Gesamtsystems.

4.5.1 Potentiale der Objekttechnologie

Evolutionäres Wachstum des Systems
Die offene Architektur objektorientierter Systeme hat einen entscheidenden Vorteil: Es ist möglich, zunächst ein System zu realisieren und in Betrieb zu nehmen, das lediglich eine kleine Zahl von Objekten enthält. Später lassen sich Schritt für Schritt neue Anwendungen ergänzen oder Altanwendungen einbinden. Auf diese Weise kann ein objektorientiertes DV-System evolutionär wachsen. Seine einfache Veränderbarkeit und die Wiederverwendbarkeit einmal definierter Objekte und Klassen sprechen für die hohe Wirtschaftlichkeit solcher Systeme.

Ein objektorientiertes DV-System kann mit einer kleinen Zahl von Objekten den Betrieb aufnehmen und schrittweise wachsen.

Qualitätssicherung und Support
Jedes Objekt stellt eine eigenständige Softwarekomponente dar. Ihre Funktionalität läßt sich unabhängig vom Gesamtsystem austesten, so daß Fehler im Betrieb des Gesamtsystems ausgeschlossen werden können. Das erleichtert auch Erweiterungen, Veränderungen und Pflege des Systems, denn alle Aktivitäten sind immer nur auf bestimmte Objekte bezogen und berühren nicht das Gesamtsystem.

Ausnutzung der Rechnerkapazitäten
Alle Funktionen des Gesamtsystems stehen allen Nutzern zur Verfügung, ohne daß sie der einzelne Anwender an seinem PC implementiert haben muß. Das System liefert ihm die gewünschten Ergebnisse auch über große Entfernungen hinweg.

Programmierung
Einmal definierte Objekte lassen sich problemlos wiederverwenden. Klassenvereinbarungen erleichtern das Modellieren neuer Objekte durch die Vererbung ihrer generellen Eigenschaften.

Systemeinsatz durch den Endbenutzer
Der Endbenutzer wählt an seinem Arbeitsplatz Dienste aus einem Verzeichnis aus. Er muß nicht wissen, wo sich das den Dienst erbringende Objekt befindet. Die Bezeichnung der Dienste entspricht dabei dem gewohnten Sprachgebrauch des Anwenders.

Sobald die Objekte definiert und bereitgestellt sind und die Fachkräfte gelernt haben, wie sie sich ändern und erweitern lassen, muß das Unternehmen nie mehr ein vorhandenes System durch ein vollkommen neues ersetzen, nur weil das alte nicht mehr den aktuellen Anforderungen entspricht.

Analyse und Design
Grundlage eines objektorientierten Systems sind die Anwendungsobjekte. Für ihre Definition ist die Zusammenarbeit von Manager, Anwender und DV-Entwickler erforderlich. Dadurch entsteht quasi zwangsweise eine neue Qualität von Kommunikation im Unternehmen, bei der alle Beteiligten „dieselbe Sprache" sprechen.

4.5.2 Objektorientierung setzt anderes Denken voraus

Objektorientierung fordert den „alten Hasen" einen Sprung ins kalte Wasser ab.

Ein Großteil der heutigen DV-Leiter hat sein Profil, seine Erfahrung und auch seinen Erfolg in der Welt prozeduraler Software gewonnen. Angesichts der objektorientierten Softwareentwicklung ist komplettes Umdenken angesagt, völlig neue Kenntnisse müssen erworben werden. Die Ausbildung der „System-Designer", die den Schritt vom herkömmlichen prozeduralen zum Denken in Objekten vollziehen müssen, ist mühsam und zeitintensiv. Die Praxis zeigt jedoch, daß jene, die den Sprung „ins kalte Wasser" mutig vollzogen und sich an die Objektorientierung herangewagt haben, spätestens nach dem Abschluß des ersten Projektes beinahe ausnahmslos von ihr begeistert waren.

Von jenem „ersten Projekt" hängt die (objektorientierte) Zukunft der DV-Systeme im Unternehmen ab. Bezüglich des Projektverlaufs sollte nicht erwartet werden, daß es „sich sofort rechnet". Leicht ist es möglich, daß gerade das erste Projekte teurer wird als geplant. Das liegt vor allem daran, daß hier quasi eine Revolution stattfindet, eine Umwälzung in der Denk- und Vorgehensart und auch der Art des Kommunizierens. Für diese Umstellung kann das Hinzuziehen externer Berater sehr nützlich sein.

Die besonderen Vorteile der Objektorientierung - Flexibilität und Wiederverwendbarkeit von Klassen und Objekten - kommen frühestens beim zweiten Projekt zum Tragen - vorher gibt es ja noch nichts Wiederverwendbares. Die Erwartungen erfüllen sich demnach naturgemäß erst später, dann allerdings sehr überzeugend.

4.6 Fallbeispiel Landesumweltinformationssystem Brandenburg

4.6.1 Steckbrief

Das Landesumweltinformationssystem Brandenburg (LUIS-BB) ist ein interaktives Auskunftssystem des Ministeriums für Umwelt, Naturschutz und Raumordnung (MUNR) des Bundeslandes Brandenburg. Als Integrationsplattform macht LUIS-BB die Umweltinformationen des Landes aktuell allen verwaltungsinternen Nutzern des Systems - und auch den Bürgern via Internet - verfügbar. Die Informationen selbst werden dabei an verteilten Standorten gespeichert und in den dort vorhandenen und unterschiedlichen Fachverfahren (DV-Anwendungen) gepflegt. LUIS-BB bietet als ein auf einer CORBA-Architektur basierendes verteiltes System die Grundlage für eine strategische Weiterentwicklung der gesamten Informationstechnologie des MUNR.

Benefits
- Anwendungsübergreifende Informationssuche und -angebote
- Interaktive Systemkomponenten zur benutzergesteuerten Informationsbereitstellung
- Internet-Komponente zur bürgernahen Information
- Integration verteilter und heterogener Anwendungen
- Kombination beliebiger Medien (Karten, Grafiken, Texte, Daten etc.) in wiederverwendbaren Diensten
- Vermeidung redundanter DV-Anwendungen

Entwicklungszeitraum

5 Bearbeiterjahre in 12 Kalendermonaten

Systemcharakteristika

objektorientierte Client-Server-Architektur, konsequenter Einsatz von Standards, Integration von Standard-Office-Anwendungen, offene Schnittstellen zu GIS-Anwendungen (GIS: Geografisches Informationssystem), verteilte Datenhaltung, datenbank- und betriebssystemübergreifend

Werkzeuge/Standardsoftware

Paradigm+, Visual Basic, Java, C++, IDL (CORBA), Orbix (IONA), DB-Tools.h++, Oracle-DB

4.6.2 Ausgangssituation

Verteilt im Bundesland Brandenburg sind Datenbestände vorhanden, die zwar inhaltliche Bezüge aufweisen, jedoch völlig unabhängig verwaltet und gepflegt werden. Zur Pflege dieser Datenbestände werden jeweils andere Software-Systeme eingesetzt (Fachverfahren), die sich in Nutzung und Speicherung der Daten signifikant unterscheiden (können) und deren Informationen in unterschiedlicher Form und Formaten vorliegen: als Texte, Grafiken, Datenbankinhalte, Methoden usw. Bei diesen Softwaresystemen handelt es sich um die Implementierung von Umwelt-Fachverfahren, zum Beispiel zur Ermittlung, Darstellung und Prognose der Luftbelastungen mit CO_2. Viele Daten haben einen Raumbezug und können mittels thematischer Karten dargestellt werden.

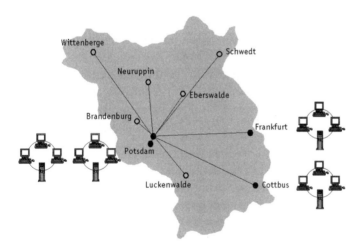

Das Kommunikationsnetz im Land Brandenburg

Das Einholen von Auskünften innerhalb des MUNR setzte bisher voraus zu wissen, in welcher Behörde sich die gefragten Informationen befinden. Auskünfte wurden in der

Regel per Telefon, Fax und Post angefragt und auf demselben Weg erteilt. Antwortzeiten konnten mehrere Tage betragen. So, wie die Daten im Fachverfahren benutzt werden, sind sie für Auskünfte oft nicht geeignet. Um Fehlinterpretationen auszuschließen und die Auskunft auf jene Informationen zu beschränken, die der Anfrage entsprechen, sind Auswahl, Aufbereitung und geeignete Präsentation der betreffenden Daten erforderlich.

4.6.3 Systemmerkmale

LUIS-BB bietet Informationen über parametrisierbare Dienste an. Das objektorientierte Infrastruktursystem auf der Basis von CORBA verwaltet die Dienste standort- und plattformübergreifend. Zwischen dem Nutzer (Client-PC) und den von ihm nachgefragten Informationen steht dabei immer der Object Request Broker (ORB). Er führt den Nutzer, der einen bestimmten Dienst aufruft, zum richtigen Server des zugehörigen Fachverfahrens. Sollte der Dienst andere Dienste aufrufen, wird wieder der ORB aktiv, um die richtigen Server für die Dienstaufrufe zu finden. Am Ende entsteht ein Ergebnis-Objekt mit (unter Umständen) mehreren Teilergebnissen, die das System dann beim Nutzer zu einer Präsentation zusammensetzt.

Der Dialog in LUIS-BB erfolgt nicht über Daten-, sondern über Objektschnittstellen. Objekte sind dabei Ausschnitte aus den Fachverfahren mit ihren Daten und Funktionen. Das Suchen erfolgt über systemweit einheitliche Verfahren (zum Beispiel über Metadaten, Karten, Dienstverzeichnisse). Die Kommunikation zwischen den Objekten ist somit nicht mehr an physische, sondern an logische Schnittstellen gekoppelt. Erst dadurch lassen sich Fachverfahren verschiedenster Plattformen ohne Eingriff in die Systemsoftware in das LUIS-BB einbinden.

Diese Objektschnittstellen stehen nicht nur dem LUIS-BB, sondern auch den Fachverfahren direkt zur Verfügung. So kann ein Dienst zur Auswahl und Bereitstellung bestimmter Schadstoffemissionen als LUIS-Dienst, aber auch direkt aus einer Excel-Tabelle aufgerufen werden.

Integrales Merkmal ist die Möglichkeit, die Ergebnisse in grafischer oder tabellarischer Form aufzubereiten (Präsentationen). Als Darstellungs-Hilfsmittel kommen dafür ausschließlich bereits vorhandene Standardwerkzeuge des PCs zum Einsatz, wie Access, Excel, Word und - für geografische Darstellungen - beispielsweise ArcView. Alle Ergebnisse können vom Nutzer mit seinen Werkzeugen weiterverarbeitet werden.

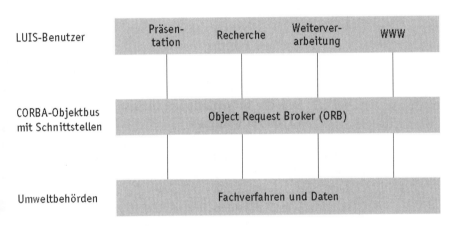

LUIS - Komponenten am CORBA-Objektbus

4.6.4 Nutzungskonzept

Anbieter
- bilden ihren Datenbestand objektorientiert ab
- erstellen Dienste, bestehend aus Daten und Präsentationen
- legen Parameter für ihre Dienste fest
- beschreiben ihre Dienste

bieten an

fordern an

Nutzer
- recherchieren Dienste
- verknüpfen Recherchen
- nutzen bereitgestellte Präsentationen
- verarbeiten die Ergebnisse mit eigenen Werkzeugen weiter

Grundideen für LUIS-BB

4.6.4.1 Wie die Informationen in das LUIS-BB kommen

Um eine fachlich abgesicherte Bereitstellung zu erreichen, wird nicht der direkte Zugriff auf die Daten gewährt, sondern nur vermittelt über Dienste, die der Anbieter beschreibt. Der Anbieter selbst stellt sein Informationsangebot in LUIS-BB bereit - über Dialogmasken und ohne Hilfe von Systemspezialisten. Das Informationsangebot wächst evolutionär, parallel zum Wissensbedarf in den Fachabteilungen, gesteuert durch den Dialog vom Nutzer zum Anbieter. Durch diese konsequente Anbieterorientierung gewährleistet LUIS-BB vor allem, daß

- die Informationen umgehend allen Nutzern bereitgestellt werden, ohne den Umweg über zeit- und kostenraubende Projekte
- nur solche Informationen in das LUIS-BB gelangen, die vom Anbieter dafür freigegeben wurden

- mit den Informationen bereits die aus fachlicher Sicht geeigneten Interpretationen und Präsentationen geliefert werden
- bei Bedarf die Informationen nur einer eingeschränkten Nutzergruppe zugänglich gemacht werden.

Damit all dieses ohne Programmierung vom Anbieter selbst durchgeführt werden kann, bietet LUIS-BB folgende Funktionen:

Beschreiben der Ergebnisse des Dienstes
Der Anbieter beschreibt jeden Dienst über einen möglichst sprechenden Namen und aussagekräftige Erläuterungen. Nach Freigabe des Dienstes erscheint diese Beschreibung in den Dienstverzeichnissen der Nutzer, die sich nun einen ersten Eindruck über die Ergebnisse des Dienstes verschaffen können.

Festlegen der für den Dienst sinnvollen Kriterien zur Einschränkung des Suchergebnisses
Der Anbieter kann aus seinem Fachverfahren bestimmte Merkmale für die Suche auswählen und namentlich benennen. Der Nutzer kann dann über diese Auswahl vor der Dienstausführung das gewünschte Suchergebnis auf die von ihm tatsächlich benötigten Aspekte eingrenzen. Aus den gewählten Kriterien generiert LUIS-BB zum Zeitpunkt des Dienstaufrufs automatisch die geeignete Dialog-Suchmaske.

Definieren des bereitgestellten Informationsausschnittes und des konkreten Dienstergebnisses
Der Anbieter als „Datenherr" eines Fachverfahrens legt fest, welcher Ausschnitt seines Fachverfahrens in LUIS-BB sichtbar sein soll. Damit legt er innerhalb von LUIS-BB, aber auch nach außen, eine offen nutzbare Schale um seine Informationen. Nur für diesen Ausschnitt lassen sich anschließend Dienste definieren, wobei jeder Dienst wiederum nur eine Teilmenge davon anbieten kann. Die Festlegung der konkreten Ergebnismenge eines Dienstes er-

folgt durch Auswahl aus der Menge der Objekte des für LUIS-BB zugelassenen Ausschnitts des Fachverfahrens.

Zuordnen der Präsentation des Ergebnisses
LUIS-BB zeigt Dienstergebnisse, sofern es sich um strukturierte Daten aus Datenbanken handelt, standardmäßig in tabellarischer Form in einer LUIS-eigenen Präsentationskomponente. Durch einfache Zuordnung weiterer Viewer (zum Beispiel Excel, ACCESS oder Word) kann der Anbieter dem Nutzer alternative Werkzeuge zur Ergebnisdarstellung anbieten. So ist es beispielsweise möglich, zu Sachdaten eine geeignete digitale Karte zur Präsentation als Ergebnis anzugeben und mit wenigen zusätzlichen Angaben Symbole für die Sachdaten festzulegen. Mittels einer standardmäßig bei der Suche bereitgestellten Karte kann dann der Raumbezug ausgewählt, das Suchergebnis in den verteilten Fachverfahren ermittelt, und auf dem Client-PC über eine vom Anbieter festgelegte Karte präsentiert werden.

Zuordnen von Suchhilfen (Metadaten) zum Auffinden des Dienstes
Dem Nutzer liefert LUIS-BB jeden Dienst automatisch im Kontext des jeweiligen Fachverfahrens als ein Informationsangebot. Um das Auffinden des Dienstes bei der Navigation auch über Schlagworte oder thematische Bezüge zuzulassen, kann der Anbieter dem Dienst Begriffe aus Thesauri, eigene Schlagworte und/oder Themen zuordnen.

LUIS-BB kann auch verknüpfte Dienste bereitstellen (ein Dienst verwendet einen anderen Dienst), was prinzipiell auch fachverfahrensübergreifende Dienstergebnisse erlaubt.

4.6.4.2 Wie der Nutzer seine Information aus LUIS-BB erhält

LUIS-BB ist ein einfach zu bedienendes, interaktives Auskunftssystem. Die Bereitstellung der Informationen erfolgt dabei in drei Schritten:

Eine Navigationskomponente bietet die Informationen zur Auswahl an

Der Nutzer hat die Möglichkeit, innerhalb eines sortierten Dienstverzeichnisses den für seine Suchanfrage geeigneten Dienst auszuwählen. Dieses Verzeichnis läßt sich nach Fachverfahren oder nach Themen (Domänen) sortiert anzeigen. Zusätzlich ist die Dienstauswahl auf einer Liste gemäß eingegebener Schlagworte möglich.

In LUIS-BB kann sich jeder Nutzer auch ein eigenes Dienstverzeichnis anlegen, in das er seine häufig genutzten Dienste, deren Parameter und präferierte Präsentationen überträgt.

Kriterien für ausgewählte Information können das Suchergebnis eingrenzen

Nach Auswahl eines geeigneten Dienstes bietet LUIS-BB eine Dialogmaske an, in der sich das gewünschte Suchergebnis eingrenzen läßt. Darüber hinaus stellt LUIS-BB systemweit verfügbare Basisdienste für einheitliche Recherchen in allen Informationsbeständen bereit.

Ein geeignetes Werkzeug präsentiert das Suchergebnis

Nutzer setzen die auf ihrem PC vorhandenen Standardwerkzeuge (Textverarbeitung, Tabellenkalkulation, GIS-Werkzeug u. ä.) zur Visualisierung, Verknüpfung und Weiterverarbeitung - also als Viewer - der von ihnen benötigten Daten ein. Für die meisten Dienste stehen in LUIS-BB mehrere Präsentationen (als Tabelle, Geschäftsgrafik oder als Objekte auf einer digitalen Karte) zur Auswahl. Den Transport von Ergebnis und Präsentation übernimmt LUIS-BB, das auch den geeigneten Viewer startet. Damit werden die Informationen beim Nutzer so dargestellt, wie es der Anbieter vorgesehen hat. Das verringert zum einen Fehlinterpretationen und ermöglicht zum anderen die Weitergabe der beim Anbieter meist bereits vorhandenen Präsentationen an den Nutzer.

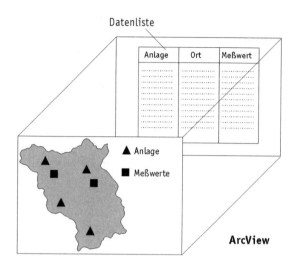

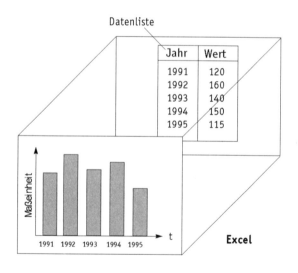

Ergebnispräsentation über Viewer

4.6.5 Benefits und Potentiale

Automatisierung der individuellen Anfragenbearbeitung
Der Aufwand für die Erstellung eines LUIS-Dienstes fällt einmalig an. Ein solcher Dienst ersetzt weitgehend die bis dahin individuelle Beantwortung von Anfragen und automatisiert diese vollständig.

Vermeidung redundanter Datenhaltung (Datenintegration)
Verschiedene Informationsobjekte wurden in mehreren Behörden und Fachverfahren redundant gepflegt. Mit LUIS-BB können neue Fachverfahren darauf verzichten, eigene Mechanismen zur Verwaltung und Aktualisierung solcher Sachdaten zu implementieren und zu administrieren.

Wiederverwendung erstellter Dienste (Diensteintegration)
Mit einem überall zugänglichen Dienstsystem ist das MUNR in der Lage, die einmal erstellte Raumbezugsbasis mit ihren Umrechnungsfunktionen für den Raumbezug mehrfach zu nutzen. Gleichzeitig können in zentral - nur einmalig - erstellten Diensten durchaus besondere Aufwände für erhöhten Komfort investiert werden.

Einmalige Pflege raumbezogener Daten
Kaum ein Fachverfahren im Bereich Umwelt kommt ohne Raumbezug aus. Bisher wurden diese Raumbezüge in jedem Fachverfahren individuell gepflegt. Ein geschäftsbereichsweit nutzbarer einheitlicher Raumbezug senkt die Pflegekosten dafür drastisch und vermeidet Fehlinterpretationen und Aufwände für Umrechnungen.

Minimierung des Pflegeaufwandes (Fachverfahren-Recherche)
Jedes Fachverfahren verfügt über individuelle, meist fest definierte, Recherche- und Anzeigefunktionen. Mit dem Ersatz von Fachverfahren-Recherchen durch LUIS-Dien-

ste können die sich dynamisch ändernden Auswertungsbedürfnisse der Fachabteilungen ohne zusätzliche Programmierung befriedigt werden.

Bereitstellung zentraler Datensammlungen im LUIS-BB
Fachverfahren, die von mehreren Geschäftsbereichen benötigt werden, wurden bisher herkömmlich über mehrere Standorte verteilt und entsprechend administriert. LUIS-Dienste anstelle der Fachverfahren verringern neben internen Personalaufwendungen auch Hardware-, Lizenz-, Schulungs- und Pflegekosten.

LUIS-Dienste zukünftig auch als dynamische Informationen aus dem Internet
Durch die Realisierung eines mit Hilfe von WWW-Seiten und Applets (vom Browser anzeig- und aufrufbare Programme) gestalteten Navigators werden sich zukünftig Dienste ohne zusätzlichen Aufwand auch im Internet anbieten lassen. Mit LUIS-BB ist die Dienstbereitstellung für das Internet quasi ein willkommener „Nebeneffekt". Damit trägt das MUNR dem gestiegenen öffentlichen Interesse an Umweltinformationen im Land Brandenburg Rechnung (siehe Abbildung Seite 93).

4.6.6 Fazit

LUIS-BB ermöglicht als evolutionär wachsendes Umweltinformationssystem die Bereitstellung verteilter und heterogener Informationen für unterschiedliche Nutzergruppen. Die Informationsbereitstellung erfolgt interaktiv, direkt auf Basis der Originaldaten, über geschützte Dienste. Dienste werden nicht programmiert, sondern vom Datenanbieter selbst definiert.

LUIS-BB ermöglicht als Infrastrukturkomponente die Integration aller Fachverfahren. Die Art der nutzbaren Datenbanken beziehungsweise Datenhaltungssysteme unterliegt

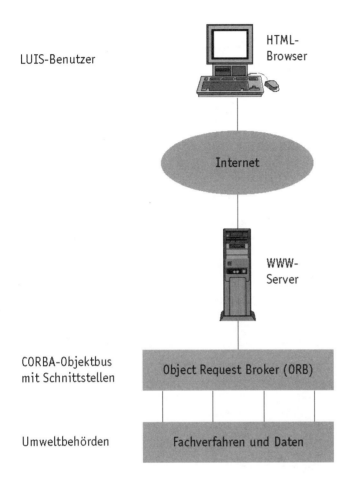

LUIS-Dienste im Internet

dabei praktisch keinen Einschränkungen, auch proprietäre Lösungen sind prinzipiell integrierbar. Über die Wiederverwendbarkeit vorhandener Komponenten statt ständiger redundanter Entwicklung ist ein hohes Einsparpotential gegeben.

Die Kommunikation zwischen Nutzern und Anbietern führt zu einem sich stetig wandelnden, immer besser an die Bedürfnisse der Nutzer angepaßten Informationsangebot.

4.7 Links und Literatur

http://www.rhein-neckar.de/~cetus/software.html
Umfangreiche Sammlung von Verweisen

http://www.omg.org
Homepage der Object Management Group (CORBA)

http://iamwww.unibe.ch/~scg/OOinfo/FAQ/
oo-faq-toc.html
OO frequently asked questions

http://www.sigs.com/objectcurrents
Online-Magazin mit Auszügen aus Fachzeitschriften

http://www.rational.com/ot/uml.html
Unified Modeling Language, der sich abzeichnende Standard

http://java.sun.com
Informationen zu Java

news://comp.object
Newsgroup zu allgemeinen Themen der Objektorientierung

news://comp.object.corba
Newsgroup zu CORBA

news://database.object
Newsgroup zum Thema „Objektorientierte Datenbank-Management-Systeme"

Goldberg, Adele / Kenneth S. Rubin: *Succeeding with Objects*. Addison Wesley 1995

Love, Tom: *Object Lessons. Lessons Learned in Object-Oriented Development Projects*. SIGS Books 1993

Rumbaugh, Jim et. al.: *Objektorientiertes Modellieren und Entwerfen*. Hanser 1993

Taylor, David: *Object-Oriented Technology - A Manager's Guide*. Addison-Wesley 1991

Taylor, David: *Business Engineering with Object Technology*. Wiley & Sons 1995

5 Workflows und Workgroups für effiziente Büros und Teams

5.1 Begriffe

Moderne Systeme der Bürokommunikation beinhalten Funktionen für Vorgangssteuerung und Gruppenarbeit.

Workflow-System

Der aus dem Englischen stammende Begriff „Workflow" wurde mit „Vorgangsbearbeitung" übersetzt. Richtiger ist jedoch „Vorgangssteuerung", denn es geht um das computergestützte Koordinieren, Steuern, Überwachen und Verfolgen des Arbeitsflusses, aller einzelnen definierten Arbeitsschritte beim Bearbeiten eines Geschäftsvorganges. Beispiele dafür sind Genehmigungsverfahren oder das Bearbeiten von Kreditanträgen.

Workgroup-Computing

Workgroup-Computing, auch Groupware, bezeichnet eine Softwarekategorie, welche die Kommunikation, den Informationsaustausch und die Arbeit von Teams im und zwischen Unternehmen unterstützt. In dieser Eigenschaft stellt Groupware ein Instrument für die Abwicklung solcher Geschäftsvorgänge dar, bei denen eine Parallelität der Aufgaben existieren kann und die Schrittfolge ihres Ablaufs nicht a priori feststeht, wie zum Beispiel Entscheidungs-, Projekt- oder Teamaufgaben.

Einordnung

Im klassischen Ansatz obliegt dem Workflow-System die Steuerung der Arbeitsschritte eines Geschäftsvorganges, die Bearbeiter haben keine Möglichkeit, den Arbeitsfluß zu verändern. Im Vordergrund steht hier die Schrittfolge. Im Gegensatz dazu entscheiden in Groupware-Systemen die Anwender, welche Arbeitsschritte in welcher Reihenfolge, mit wessen Beteiligung und mit welchen Informationen durchzuführen sind. Im Vordergrund steht die Interaktion zwischen ihnen. Dafür stellt ihnen das System eine Palette von Werkzeugen zur Verfügung.

Heute ist die strenge Trennung der Begriffe und Systeme aufgehoben. Das heißt, Workflow-Systeme beinhalten meist auch Groupware-Komponenten und umgekehrt. Weil in jedem Unternehmen, in jeder Behörde, sowohl strukturierte wie auch unstrukturierte Vorgänge existieren, war es logisch, daß sich beide Ansätze mit der Zeit vermischten. Die verschiedenen Software-Produkte legen verschieden starkes Gewicht auf die Vorgangssteuerung im Sinne von definierten Workflows beziehungsweise auf Kommunikation im Sinne von Gruppenarbeit. Bis heute gibt es keine neue Wortschöpfung, die jenem Gemisch aus Workflow und Groupware Rechnung trägt. Beide Begriffe finden Verwendung, und häufig meinen sie dasselbe. Wir wählen hier als Oberbegriff „Bürokommunikationssysteme" (BK-Systeme).

5.2 Workflows: Komplette Vorgänge in elektronischen Umlaufmappen

Workflow-Systeme können eine Art elektronische Umlaufmappe zur Verfügung stellen, in der Informationen aus Textverarbeitung, Tabellenkalkulation oder Datenbanken, aber auch aus betriebswirtschaftlichen DV-Anwendungen zusammengefaßt und entlang einer definierten Prozeßkette, von Bearbeiter zu Bearbeiter, automatisch transportiert werden. Ihr Funktionsumfang kann sehr unterschiedlich sein: Warteschlangen bilden, welche die Vorgangsobjekte aufnehmen, Prioritäten bestimmen, komfortable Bedienoberflächen für die Bearbeitung bereitstellen, Termine überwachen, bei drohenden Störungen Alarm schlagen, Vorgänge zusammenführen und sämtliche Verwaltungsfunktionen auf der Vorgangsebene erledigen. Wenn in der Umlaufmappe - dem Vorgangsobjekt - sämtliche Daten, Bearbeitungsschritte und Statusinformationen enthalten sind, so kann sich der Workflow selbst seinen optimalen Bearbeitungsweg suchen. Workflow-Systeme können beim Erreichen be-

Workflows können hochkomplex sein. Sie machen weder vor Abteilungs- noch vor Unternehmensgrenzen Halt.

stimmter Zustände auch betriebswirtschaftliche Anwendungen anstoßen, also Programme automatisch in Gang setzen.

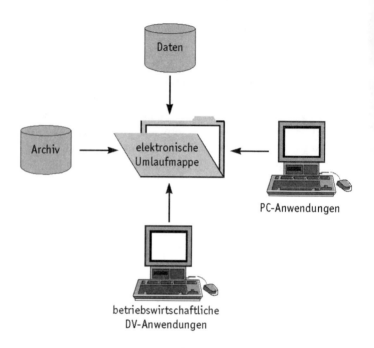

Die elektronische Umlaufmappe

Abläufe, die in einem Workflow gesteuert werden sollen, können hochkomplex sein. Je „weitschweifender" (im wahrsten Sinne des Wortes) ein Workflow sein soll, desto höhere Anforderungen sind natürlich an die technische Ausstattung des Unternehmens, seine Kommunikationsinfrastruktur, gestellt. Der Phantasie sind hier keine Grenzen gesetzt. Rechnernetze verbinden heute bereits Programme, Informationen und damit auch Menschen an räumlich auseinanderliegenden Orten.

Bei klassischen Geschäftsvorgängen, wie beispielsweise dem Bearbeiten von Reklamationen, stehen die einzelnen Bearbeitungsschritte fest. Auf dieser Basis läßt sich ein

Workflow „Reklamation" definieren. Allerdings treten während der Bearbeitung beinahe zwangsläufig Situationen auf, wo Gutachten oder Anfragen an bestimmte Fachabteilungen notwendig werden. Hier muß das BK-System zulassen, daß der Workflow unterbrochen und verändert werden kann, weil Zuarbeiten aus den Fachabteilungen zu erbringen sind und weil sich daraus Veränderungen für die nächsten Arbeitsschritte ergeben können. Deshalb sind reine Workflow-Systeme, welche keine Eingriffe in den Arbeitsablauf erlauben, nicht praktikabel.

Ein Workflow ist kein „Fließband". Bei Bedarf läßt er sich unterbrechen und verändern.

Groupware-Funktionen ermöglichen dem Bearbeiter der Reklamation, schnell und einfach den Kontakt zu anderen Fachabteilungen herzustellen - mit allen zum Vorgang dazugehörigen Informationen. Wenn die strittigen Fragen geklärt sind, geht die Bearbeitung im definierten oder auch in einem an die neue Situation angepaßten Workflow weiter, bis eventuell ein Punkt erreicht ist, wo erneut entschieden werden muß, welche Schritte als nächste zu gehen sind.

Dokumenten-Management-Systeme

Eine elementare Grundlage für Bürokommunikation ist der schnelle und komfortable Zugriff auf Informationen - Daten, Texte, Tabellen, Formulare, Zeichnungen, Filme, Tonaufnahmen. Dokumenten-Management-Systeme sorgen dafür, daß alle an unterschiedlichsten Orten (elektronische Archive, Datenbanken) und in unterschiedlichsten Formaten abgelegten Dokumente so registriert und indexiert sind, daß sie später von jedem beteiligten Arbeitsplatz aus schnell und mühelos auffindbar sind. Für Dokumente, die sich im Lauf der Arbeit verändern, können Dokumenten-Management-Systeme Markierungen vergeben, an denen erkennbar ist, wann das Dokument von wem verändert wurde. So ist gewährleistet, daß alle Gruppenmitglieder stets denselben Informationsstand haben. Ohne Dokumenten-Management kommt kein BK-System aus.

Das Management von Dokumenten ist elementarer Bestandteil jedes BK-Systems.

Deshalb gehören sie häufig zur Ausstattung von BK-Standard-Systemen.

5.3 Neue Generation dynamischer Teams

Teams sind zunehmend temporäre Gruppen, die sich für eine bestimmte Aufgabe bilden und anschließend wieder auflösen.

Gruppenarbeit ist an sich nichts Neues: Ein Team von Mitarbeitern ist für die Lösung einer Aufgabe verantwortlich. Es wird abgesprochen, wer welchen Part dabei übernimmt und wer wann welche (Zwischen-) Ergebnisse an wen abliefert. Das Team definiert Meilensteine, berichtet in festgelegten Abständen an festgelegte Stellen im Unternehmen über den Arbeitsfortschritt. Einzelne Teammitglieder verabreden sich zu Abstimmungen und es finden Treffen statt, bei denen die gesamte Gruppe gemeinsam arbeitet: Ergebnisse diskutiert, Ideen entwickelt, sammelt, sortiert und zusammenfaßt.

Eine Folge des allgemeinen Trends kooperierender Unternehmen ist, daß Teams zunehmend aus Personen bestehen, die nicht am selben Ort arbeiten. Komplexe Aufgaben erfordern die Zusammenarbeit unterschiedlicher Experten. Teams sind zunehmend temporäre Gruppen. Nach der Lösung einer bestimmten Aufgabe löst sich das Team auf, für neue Aufgaben bilden sich neue Teams. Groupware unterstützt die Arbeit solcher (verteilten) Gruppen.

Virtualisierung der Gruppenarbeit

Virtuelle Teams sind unabhängig von ihrem Standort und unabhängig von der Organisationsstruktur.

Die Loslösung des Arbeitsfortschrittes von informellen, strukturellen und geografischen Beschränkungen hat weitreichende organisatorische Auswirkungen. Es entstehen „virtuelle Teams" mit den für die jeweilige Aufgabe am besten geeigneten Mitarbeitern. Sie arbeiten gemeinsam, treffen gemeinsame Entscheidungen, ohne dafür ihren Arbeitsplatz zu verlassen - sie sind unabhängig von ihrem Standort und unabhängig von der vorhandenen Organisationsstruktur.

Ergebnisse einzelner Teammitglieder stehen den anderen direkt zur weiteren Verwendung zur Verfügung - für eine schnelle und effiziente Projektabwicklung. Das Individuum als Teammitglied ist eng mit dem Team verbunden und angebunden an das BK-System. Das System gibt den Nutzern einen Werkzeugkasten an die Hand, aus dem sich das Team sozusagen seine aufgaben- (prozeß-) bezogene Infrastruktur zusammenbaut.

5.4 Stufenkonzept für die Realisierung von BK-Systemen

In der Praxis hat sich bei der Realisierung von BK-Systemen ein stufenweises Vorgehen bewährt. Es besteht aus drei Phasen: Konzeption, Prototyping und Einführung.

5.4.1 Konzeption

Vor der DV-technischen Realisierung eines BK-Systems sind die Arbeitsschritte für jeden betroffenen Geschäftsvorgang exakt zu definieren. Dabei sind folgende Fragen zu beantworten:

1. Was ist zu tun (Arbeitsschritt)?
2. Wer muß das tun (Abteilungen, Stellen, Funktionen, Rollen, Personen)?
3. Welche Informationen werden dafür gebraucht (Daten, Dokumente, Genehmigungen)?
4. Welche Bedingungen müssen erfüllt sein (Unterschriften, Abzeichnungen)?
5. Welche externen Stellen müssen benachrichtigt werden (Abteilungsleitung, Geschäftsführung, Ämter, Behörden)?

6. Unter welchen Bedingungen sind externe Stellen zu benachrichtigen (Über- oder Unterschreitung von Grenzwerten)?
7. Welche Termine müssen eingehalten werden (Berichte, Fristen)?
8. Welche Störfälle sind denkbar?
9. Wie ist im Störfall zu reagieren?
10. Welches Ergebnis ist zu erzeugen (Briefe, Tabellen, Informationen, Lieferscheine, Rechnungen)?
11. Wer bekommt das Ergebnis oder Teile davon?
12. In welcher Form ist das Ergebnis oder Teile davon bereitzustellen?

Mit den Antworten auf diese Fragen ist ein Arbeitsschritt formal beschrieben. Das reicht natürlich noch längst nicht. Jetzt ist folgendes zu klären:

1. *Welche vorhandenen DV-Anwendungen sind mit dem Arbeitsschritt verknüpft?*

BK-Systeme kommunizieren und kooperieren mit anderen DV-Anwendungen und nutzen die vorhandene Kommunikations-Infrastruktur.

Es wäre nahezu schildbürgerlich und wirtschaftlich nicht zu rechtfertigen, wollte man zum Beispiel für die Eingabe von Daten neue Eingabemasken erfinden und programmieren, wenn sie in den vorhandenen Anwendungen bereits irgendwo verfügbar sind. Auch PC-Standards, wie Textverarbeitung oder Tabellenkalkulation, wird man sinnvollerweise direkt in den Workflow integrieren.

Wenn Informationen, die innerhalb des Workflows entstehen, in anderen DV-Anwendungen auch gebraucht werden, so sollten sie vom BK-System dorthin übergeben werden. Möglicherweise können bestimmte Zustände auch bestimmte betriebswirtschaftliche Programme anstoßen. So korrespondiert der Workflow „Bestellung" beispielsweise mit den betriebswirtschaftlichen Anwendungen „Material- und Lagerwirtschaft", „Rechnungswesen" und „Vertrieb". Auch umgekehrt ist zu realisieren, daß bestimmte Ergebnisse betriebswirtschaftlicher Anwendungen Workflows anstoßen. Wird beispielsweise in der Anwendung „Rechnungswesen" die Überschreitung einer Zahlungsfrist erkannt, so könnte dieser Zustand den Workflow „Mahnung" anstoßen. Hier würde möglicherweise dann ein Brief mit einer PC-Textverarbeitung an den betreffenden Kunden entstehen, eine E-Mail-Benachrichtigung an die Geschäftsführung, wenn die Angelegenheit in die Kategorie „kritisch" fällt, und eine Information an die Anwendung „Rechnungswesen" für die Kontrolle des termingerechten Zahlungseinganges nach der Mahnung. Das Beispiel mag an einigen Stellen hinken - dennoch verdeutlicht es die tiefe Verzahnung des Workflows mit der vorhandenen Datenverarbeitung.

2. *Wo befinden sich die mit dem Arbeitsschritt verbundenen Informationen?*
Dokumente (Texte, Tabellen, Zeichnungen, Formulare) können sich in elektronischen Archiven oder in DV-Anwendungen befinden, Daten in unterschiedlichen Datenbanken an verschiedenen Standorten und in unterschiedlichen Formaten.

3. *Wie müssen diese Informationen aufbereitet (präsentiert) werden?*
Oft braucht der Sachbearbeiter nur bestimmte Ausschnitte aus einem Informationszusammenhang. Er braucht sie so aufbereitet, daß er sie auf einfache und komfortable Art und Weise weiterbearbeiten kann. Das BK-System muß ihm eine Art „elektronisches Dossier" übergeben, das ihn mit allen erforderlichen Vorder- und Hintergrundinformationen versorgt, mit Berichten, Tabellen, Grafiken, Zeichnungen und Formularen, die ihm in Quantität und Qualität seine Arbeit ermöglichen und leicht erledigen lassen.

Nachdem für alle Stellen im Unternehmen restlos geklärt ist, was sie im einzelnen zu tun haben, kann die dafür notwendige Mindestkonfiguration der betroffenen Arbeitsplätze definiert werden. Mindestkonfiguration meint Zugänge zu DV-Anwendungen und zu Kommunikationsmedien, wie zum Beispiel E-Mail. Im Zusammenhang damit stehen auch die Zugriffsrechte, die der einzelne Sachbearbeiter bekommen muß.

Ein exaktes Abbild von den zu unterstützenden Prozessen ist die Basis für ein BK-System.

▶ Geschäftsprozeßmodellierung

Für die Beschreibung der Arbeitsschritte, der Anforderungen, der Schnittstellen und Bedingungen und der DV-technischen Unterstützung lassen sich Methoden und Werkzeuge benutzen, die quasi ein Abbild der Geschäftsprozesse liefern und gleichzeitig dazu geeignet sind, das Potential für Verbesserungen aufzuzeigen. In der Praxis hat sich hier die Geschäftsprozeßmodellierung bewährt.

5.4.2 Pilotphase

Während der Pilotphase ergeben sich meistens noch zahlreiche Veränderungen des Systems.

Die Ergebnisse der Konzeptionsphase bilden die Grundlage für das Planen und Realisieren des Systems. Es empfiehlt sich, vorerst einen Kernprozeß auszuwählen und dafür einen Prototypen zu entwickeln. Eine Testcrew kann nun alle Merkmale und Eigenschaften der zukünftigen Lösung auf Herz und Nieren, auf Funktionsfähigkeit und Akzeptanz hin überprüfen. Die Testcrew sollte nicht nur aus DV-Profis bestehen, sondern aus „typischen" Mitarbeitern, die täglich mit dem betreffenden Prozeß zu tun haben, die motiviert und offen für Neues sind.

Für diese Phase sollte man sich Zeit lassen. Sie ist entscheidend für die spätere Akzeptanz des Systems. Erfahrungsgemäß entwickeln sich hier noch eine ganze Reihe von Veränderungswünschen, die in die endgültige Lösung eingehen sollten.

5.4.3 Gesamtlösung und Einführung

Dem Prototyping kann dann die Gesamtlösung folgen. Bei ihrer Einführung kommt es darauf an, die betreffenden Mitarbeiter zu schulen und sie sorgfältig zu betreuen.

Mit Fug und Recht kann man sagen, daß nichts so stark in den gewohnten Arbeitsalltag eingreift wie Bürokommunikation beziehungsweise -automation. Das macht es nicht nur sinnvoll, sondern auch zwingend notwendig, Manager und Mitarbeiter von Anbeginn in solche Projekte einzubeziehen. Anderenfalls würde man nicht nur auf Akzeptanzprobleme stoßen, sondern vor allem auf das Wertvollste verzichten: die Erfahrung der Mitarbeiter, ihre Kompetenz, ihr Engagement und ihre Kreativität. Keiner kennt besser als sie die Stärken und Schwächen der bestehenden Arbeitsorganisation. Deshalb sind sie es auch, die eine neue Lösung aktiv mitgestalten müssen.

Nichts greift so stark in den Arbeitsalltag ein wie Bürokommunikation.

5.5 Standards: Werkzeugkasten für individuelle Lösungen

Der Markt bietet leistungsstarke Standardprodukte als BK-Systeme an. Allen ist gemeinsam, daß sie Algorithmen (Verfahren) zur Beschreibung von Workflows, für den Zugriff auf die erforderlichen Informationen, für die Gestaltung der Bedienoberflächen zur Bearbeitung der Arbeitsschritte durch die Anwender sowie Kommunikations-Funktionen für die Unterstützung von Gruppenarbeit zur Verfügung stellen. Sie unterscheiden sich in den zugrunde liegenden Technologien (Software und Hardware), im Angebot von Tools, in der Breite des Funktionsspektrums, in der Komplexität der Automatisierung und Steuerung, in der Gestaltung der Schnittstellen für das Einbinden (die Integration) vorhandener DV-Anwendungen.

Ein fertiges BK-System kann man nicht kaufen. Man erhält nur das Werkzeug für seine individuelle Lösung.

Mit einem Produkt kauft man nicht die Lösung, sondern vielmehr einen „Werkzeugkasten", mit dem man „seine" Lösung zusammenbauen kann. An dieser Stelle dürfte bereits klar sein, daß derartige Systeme jeweils individuelle Lösungen ermöglichen. Schließlich geht es um die Gestaltung der Geschäftsabläufe, welche die Spezialitäten des jeweiligen Unternehmens ausmachen.

Die spezifischen Anforderungen des Unternehmens an Workflows und Gruppenarbeit sowie die vorhandene beziehungsweise geplante DV- und kommunikationstechnische Infrastruktur sind die Grundlagen für die Auswahl des am besten geeigneten Produktes.

5.6 Methoden und Technik für BK-Systeme

BK-Systeme nutzen das ganze Potential der IuK-Technik. Sie schaffen die zweckorientierte Verbindung einst getrennter Welten: Datenverarbeitung, PC und Kommunikationstechnik. Damit ist es möglich, Informationen in nahezu beliebiger Form - Sprache, Daten, Texte, Formulare, Zeichnungen, Tonaufnahmen, Bilder, Filme - einfach und kostengünstig in Abteilungen, Unternehmen, ja sogar weltweit auszutauschen.

▶ Telematik

Die technischen Grundlagen für die Realisierung moderner BK-Systeme liefert die Telematik. Sie ist der Oberbegriff für all jene Technologien und Techniken, welche räumliche Distanzen und begrenzte Kommunikationswege überwinden können. Beispiele dafür sind Electronic Mail, Konferenzsysteme, elektronische Kalender und Application Sharing.

▶ Internet

Zunehmend findet die Internet-Technologie Einsatz in BK-Systemen, weil sie die Plattform für unternehmensweite und -übergreifende Vereinheitlichung von Informations-Darstellung und -Zugriff bietet. Für die Integration vorhandener DV-Lösungen und deren Kommunikation

▶ Objektorientierung

stellt die Objektorientierung eine leistungsstarke Methodik und Technologie bereit.

BK-Systeme ersetzen nicht die Konzepte der traditionellen DV, sie ergänzen sie. Der traditionellen DV obliegt die Massenverarbeitung harter Geschäftszahlen. Aber auch eine Vielzahl „weicher" Informationen begleitet die Geschäftsvorgänge: zum Beispiel Besuchsberichte, Briefe, Protokolle, aber auch Tonträger und Videoaufnahmen. BK-Systeme führen sie aufgabengerecht zusammen.

In Anlehnung an die Begriffsdefinition ist ein BK-System eine Steuerungssoftware, keine DV-Anwendung im betriebswirtschaflichen Sinn, wie Rechnungswesen oder Materialwirtschaft. Betriebswirtschaftliche DV-Anwendungen beinhalten auch Steuerfunktionen, stellen den Anwendern Eingabemasken zur Verfügung, leiten die Eingaben weiter im Programmablauf und stoßen ihre Verarbeitung an. Der entscheidende Unterschied zum BK-System: Die Steuerung befindet sich in der Anwendung selbst, ist Bestandteil derselben. Im BK-System dagegen liegt die Steuerung der Vorgänge außerhalb der Anwendungsprogramme. Das BK-System liegt als eine neue Ebene über allen vorhandenen

In BK-Systemen liegt die Steuerung der Vorgänge außerhalb der Anwendungsprogramme.

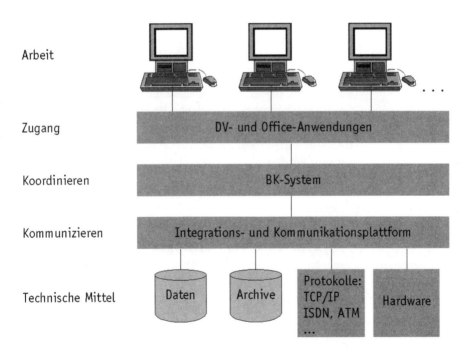

Einordnung der BK-Systeme in die IT-Infrastruktur

Anwendungen und kann sie miteinander verbinden. Das hat einen entscheidenden Vorteil: Ein BK-System kann Vorgänge steuern, die auf unterschiedliche Anwendungen zugreifen. Allein der zu bearbeitende Vorgang (Prozeß) bestimmt den Ablauf der Arbeitsschritte, das BK-System stellt den betreffenden Bearbeitern Informationen und Programme dafür bereit. Neue Anwendungen und Datenquellen lassen sich mit wenig Aufwand integrieren.

Workflow- und Groupware-Funktionen als Bestandteil von Betriebssystemen und Standardsoftware

Moderne IuK-Technik macht Workflows und Workgroups unabhängig von speziellen BK-Systemen.

Anbieter von Betriebssystemen und betriebswirtschaflicher Standard-Software haben die Zeichen der Zeit erkannt und integrieren zunehmend in ihre Produkte solche Funktionen, mit denen sich Workflows und Groupware-Computing realisieren lassen.

Moderne Methoden und Technologien für elektronische Information und Kommunikation, wie die Objekt- und Internet-Technologie, gestatten immer komfortabler das Gestalten von Workflows und das Unterstützen dynamischer Gruppenarbeit ohne spezifische Produkte. Diese Entwicklung läßt vermuten, daß in Zukunft der Markt für reine BK-Software-Produkte für diese Arbeitsformen rückläufig sein wird.

5.7 Fazit: Flexible Gruppen und effiziente Verwaltungsabläufe

Moderne BK-Systeme erlauben eine „Revolution" von Büro- und Gruppenarbeit: Keine umständliche Suche nach Dokumenten, transparente Bearbeitungsstände, extrem kurze Transport- und Liegezeiten, unkompliziertes Anpassen an veränderte Situationen. Gruppenarbeit erhält eine neue Dimension. Teams bilden sich und lösen sich auf - entsprechend aktueller Aufgaben. Teammitglieder werden allein nach ihrer Eignung für die Aufgabe ausgewählt, Entfernungen spielen dabei keine Rolle mehr.

5.7.1 Meßbarer Nutzen

Mit ihrer Eigenschaft, Vorgänge über alle Hierarchiestufen hinweg abzubilden und zu steuern, erlauben Workflow-Systeme die ganzheitliche, integrierte Bearbeitung der Vorgänge. Das Suchen, Transportieren und Verteilen von Unterlagen übernimmt dabei das BK-System. Die Zeit des Kopierens von Dokumenten ist vorbei. Alle am Vorgang beteiligten Personen (Stellen) arbeiten auf derselben Grundlage, der Informationsstand ist für alle gleich (aktuell).

Entscheidungsprozesse verkürzen sich, denn alle benötigten Informationen stehen per Knopfdruck zur Verfügung.

Mit dem Wegfall von Such- und Transportzeiten für Dokumente reduziert sich die Durchlaufzeit der Vorgänge erheblich. Verschiedene Workflow-Projekte weisen durchschnittlich eine Verringerung der Bearbeitungszeit um 20 %, der Liegezeit um 50 % und der Transportzeit sogar von 80 % aus. Verständnishalber sei hier erklärt: Bearbeitungszeit meint jene Zeit, die ein Mitarbeiter (mit Unterstützung durch das DV-System) braucht, um den Vorgang tatsächlich zu bearbeiten. Liegezeiten sind solche, in denen ein Sachbearbeiter den Vorgang nicht bearbeiten kann, weil notwendige Informationen oder andere Teilvorgänge noch fehlen. Die Zeit, in der ein Vorgang zwischen zwei Bearbeitungsschritten unterwegs ist, nennen wir Transportzeit. Dabei ist es egal, ob der Vorgang seinen Standort auf physischem oder elektronischem Wege wechselt.

5.7.2 Bürokommunikation bringt neue Arbeitskultur hervor

BK-Systeme setzen Bereitschaft und Fähigkeit für Veränderungen voraus.

Indem Groupware-Systeme die Konzentration auf die Aufgabe - den Prozeß - in den Vordergrund stellen und dabei der Gruppe ein Höchstmaß an Eigenverantwortung überlassen, rückt die Organisationsstruktur in den Hintergrund. So drängen sich zwangsläufig Fragen auf, inwieweit alte Strukturen mit ihren zahlreichen Hierarchieebenen überhaupt noch sinnvoll sind.

Für die Verfolgung, die Kontrolle des Arbeitsfortschritts sind keine separaten Projektberichte mehr erforderlich. Manager können mit den Groupware-Funktionen jederzeit Einblick in den Fortschritt der Projekte nehmen, sich eine Übersicht verschaffen, bei Bedarf eingreifen und auch die Steuerung komplett übernehmen. Reports an die Geschäftsleitung lassen sich - eingebunden in geeignete Präsentationen - ebenfalls mit Hilfe des Groupware-Systems realisieren.

Mit Groupware, konsequent eingesetzt, ensteht im Unternehmen eine neue Arbeitskultur. Ihre Grundlagen sind Kommunikation, Kooperation, Flexibilität, Eigenverantwortung und Vertrauen. Abteilungs-, Bereichs-, Unternehmensgrenzen werden weicher, zum Teil auch gänzlich überflüssig. Bei der Zusammenstellung von Arbeitsgruppen spielt die Zugehörigkeit der Gruppenmitglieder zu den Organisationseinheiten des Unternehmens eine nebengeordnete Rolle. Zweck der Gruppenbildung ist die optimale Erfüllung der konkreten Aufgabe.

Diese Umorientierung im Denken verlangt vor allem dem Management Bereitschaft und Fähigkeit zur Veränderung ab, sonst werden BK-Konzepte in ihren Ansätzen steckenbleiben. Dann ist die Chance, Geschäftsvorgänge mit BK-Systemen zu rationalisieren, vertan.

Workflow-Systeme machen Bearbeitungsstände transparent - jederzeit ist erkennbar, wo ein Vorgang sich gerade befindet und wie es um seinen Bearbeitungsfortschritt bestellt ist. Manch einer könnte das als die totale Kontrolle empfinden. Daß ein Workflow-System den Sachbearbeitern Vorteile bringt, weil sie beispielsweise nicht mehr suchen und warten müssen und weil das Arbeitsaufkommen besser planbar wird, muß ihnen deutlich gemacht werden. Das erreicht man am einfachsten, wenn man sie an der Lösung mitarbeiten läßt. Von ihrer Mitwirkung hängt die Brauchbarkeit des Systems ab. Schließlich sind sie diejenigen, welche die Vorgänge mit allen Stärken und Schwächen der einzelnen Arbeitsschritte am besten kennen.

BK-Systeme greifen unmittelbar in die Ablauforganisation des Unternehmens ein, provozieren, vorhandene Strukturen in Frage zu stellen. Sie sind somit nicht mehr nur Sache der DV-Abteilung und des Benutzers an seinem Arbeitsplatz, sondern vor allem eine Organisations- und Führungsangelegenheit. Fakt ist, daß alle betroffenen Stellen zusammenarbeiten müssen - über unterschiedliche Hierarchieebenen hinweg. Nur so kann ein BK-Projekt erfolgreich durchgeführt werden. Hier ist der Manager als Coach gefordert.

Die Einführung von BK-Systemen ist vor allem eine Organisations- und Führungsangelegenheit.

Mit dem Einsatz von BK-Systemen vollzieht sich die konsequente Orientierung auf die Geschäftsprozesse nicht automatisch. Die gewohnten Abläufe lassen sich auch einfach nur „elektrifizieren", die vorhandenen Organisationsstrukturen adäquat abbilden. Ohne Frage bringt auch dies bereits Rationalisierungseffekte. Denken wir an das elektronische Versenden von Unterlagen über E-Mail: Allein damit läßt sich bereits eine Menge Zeit einsparen.

Das ganze Potential von BK-Systemen erschließt sich jedoch erst mit der letzten Konsequenz: mit der Bereitschaft zur Veränderung und ihrer Realisierung. Darin liegt die Chance zur Rationalisierung im großen Stil.

5.8 Fallbeispiel Automatisierung von Genehmigungs- und Überwachungsverfahren

5.8.1 Steckbrief

Zur DV-technischen Unterstützung der Genehmigungs- und Überwachungsverfahren führte die Berliner Senatsverwaltung für Stadtentwicklung, Umweltschutz und Technologie ein Bürokommunikationssystem (BK-System) ein und paßte es ihren spezifischen Anforderungen an. Das System stellt über definierte Nutzerprofile den Mitarbeitern komplette individuelle „elektronische Schreibtische" bereit, die Groupware-Funktionalität und Workflows miteinander verbinden können. Informationen und Formulare, die für das Bearbeiten der Vorgänge erforderlich sind, erhalten die Mitarbeiter automatisch vom System.

Benefits

- Erhöhung der Qualität und Geschwindigkeit von Arbeitsvorgängen
- Integration aller erforderlichen Anwendungen auf einem elektronischen Schreibtisch
- Gemeinsame Dokumentenablage, Versionsverwaltung und Zugriffskontrolle
- Zentrale Verwaltung von Gesetzessammlungen und Formularen
- Zentrale Steuerung und Sicherung der kompletten Büroumgebung

Entwicklungszeitraum

8 Monate

Systemcharakteristika

Client/Server-Architektur, Objektorientierung, Integration von Standard-Office-Anwendungen, verteilte Datenhaltung, datenbank- und betriebssystemübergreifend, elektronische Kommunikation, organisationsübergreifend

Werkzeuge/Standardsoftware

LinkWorks, Microsoft-Office-Software, Oracle-DB

5.8.2 Ausgangssituation

Um ihrer Rolle als moderner Dienstleister gegenüber der Wirtschaft und den Bürgern gerecht zu werden, stehen Behörden zunehmend unter dem Druck, ihre Abläufe zu verbessern - und dies sogar bei sinkendem Personalstand. Zu den Aufgaben der Senatsverwaltung für Stadtentwicklung, Umweltschutz und Technologie in Berlin gehören die Genehmigung und die Überwachung immissionsschutzrechtlich relevanter Anlagen. Im Interesse der Erhaltung und Stärkung des Wirtschaftsstandortes Berlin und in der Pflicht gegenüber initiativen Unternehmern, die Produktionsanlagen aufbauen und betreiben wollen, besteht das Ziel, die Genehmigungsverfahren rationeller abzuwickeln und die vorgeschriebenen technischen Überprüfungen effizienter vorzubereiten und durchzuführen. Diese Abläufe sind im wesentlichen gut strukturiert und bieten somit beste Voraussetzungen für die Einrichtung automatisierter Workflows.

5.8.3 Vorgehensweise

Die Senatsverwaltung entschied sich für den Einsatz des Standardproduktes LinkWorks der Firma Digital. LinkWorks stellt eine Bürointegrationsplattform dar, die sowohl über Groupware-Funktionen, wie elektronische Post und gemeinsame Dokumentenablage, verfügt als auch über Workflow-Funktionen zur Vorgangssteuerung. Zusätzlich bietet LinkWorks spezielle Werkzeuge für die Automatisierung interner Abläufe (siehe Abbildung Seite 114).

Konzeption

Die Einführung eines Groupware- und Workflowsystems kann nur dann den gewünschten Nutzen erzielen, wenn neben rein technischen auch flankierende Maßnahmen im organisatorischen und kulturellen Umfeld getroffen werden. Unter Berücksichtigung dieser komplexen Betrach-

LinkWorks - Standardfunktionen

tungsweise wurde das unter 5.4 - „Stufenkonzept für die Realisierung von BK-Systemen" - beschriebene Konzept auch in der Senatsverwaltung gewählt. Gemeinsam mit einem Pilotteam, das sich aus Mitarbeitern aller betroffenen Bereiche zusammensetzte, wurden konzeptionelle Festlegungen erarbeitet, wie die Spezifikation des flächendeckend einzusetzenden BK-Systems, ein Betreuungs- und Einführungskonzept, Arbeitshinweise für den Anwender sowie ein Schulungskonzept.

Pilotphase

Auf der Grundlage der LinkWorks-Spezifikation wurde das Basissystem für den flächendeckenden Einsatz implementiert. Einen Schwerpunkt bildete dabei die LinkWorks-Umgebung für Konfigurations- und Lösungsentwicklung. Die Mitglieder des Pilotteams testeten das Ergebnis im Rahmen einer mehrwöchigen Pilotphase auf Funktionsfähigkeit und Akzeptanz. Das System wurde, den Praxiserfahrungen entsprechend, den Bedürfnissen der Mitarbeiter angepaßt.

Flächendeckende Einführung

Gemäß Schulungs- und Einführungskonzept wurden zunächst die systemtechnischen Voraussetzungen an den Arbeitsplätzen der Mitarbeiter geschaffen. Anschließend erlernten die Anwender in einem zweitägigen Lehrgang mit praktischen Übungen den Umgang mit dem BK-System.

5.8.4 Systemmerkmale

5.8.4.1 Der elektronische Schreibtisch

Nach der Anmeldung in LinkWorks erhält jeder Berechtigte seinen persönlichen Schreibtisch - gleichgültig, an welchem PC er sich anmeldet. Auf diesem Schreibtisch befinden sich neben individuellen und allgemein zugänglichen Ablagestrukturen vor allem die Werkzeuge, die der Mitarbeiter zur Erledigung seiner täglichen Arbeit benötigt. Dazu gehören zum Beispiel ein datenbankbasiertes Anlagen- und Betreiberkataster, ein Telefonverzeichnis und andere Software-Tools, die Mitarbeitern individuell in einer Werkzeugkiste zugewiesen werden können.

5.8.4.2 Allgemeine Ablagen

Gesetzes- und andere Textsammlungen von allgemeinem Interesse werden von einer Stelle zentral gepflegt und allen Anwendern angeboten. Erforderliche Änderungen sind auf diese Weise nur einmal notwendig und stehen dann sofort aktuell allen Mitarbeitern zur weiteren Verwendung in eigenen Texten zur Verfügung. Ein „Schwarzes Brett" dient als Kommunikationsforum für alle Anwender.

116   Workflows und Workgroups

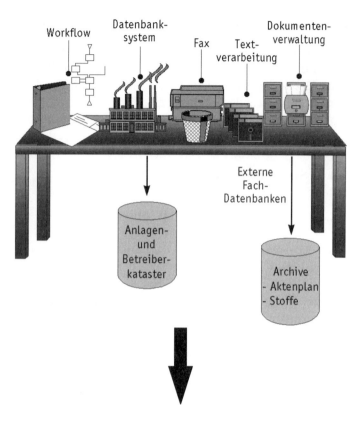

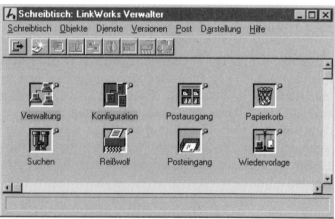

Der elektronische Schreibtisch

5.8.4.3 Individuelle Ablagen/Gruppenablagen

Jeder Mitarbeiter kann seine persönliche Ablagestruktur mit Hilfe der LinkWorks-Objekte Schrank, Fach, Ordner und Register aufbauen. Aussagekräftige Namen für diese Objekte und ein einfaches Drag & Drop erlauben auch ungeübten Mitarbeitern eine Arbeitsweise, die sehr stark an der herkömmlichen Büroarbeit orientiert ist.

Neben individuellen Ablagen nutzen die Mitarbeiter Ablagestrukturen, die sie sich mit ihren Kollegen aus derselben Gruppe oder auch gruppenübergreifend teilen. Sobald eine neue Information - zum Beispiel in einem geteilten Ordner - abgelegt wird, steht sie sofort allen Mitarbeitern, die Zugriff auf diesen Ordner besitzen, zur Verfügung. Die Art des Zugriffs (lesend, schreibend oder kontrollierend) regelt ein dediziertes Zugriffsprofilsystem. Ein Recherchewerkzeug ermöglicht dabei die schnelle Suche nach allen Dokumenten und Ablagestrukturen, auf die solche Zugriffsrechte bestehen.

5.8.4.4 Formulare

Alle Mitarbeiter können auf Formulare (beispielsweise Vermerke oder Fax-Vordrucke) zugreifen. In Abhängigkeit von der weiteren Verarbeitung werden diese Vordrucke elektronisch ausgefüllt und über die elektronische Post weitergeleitet oder aber ausgedruckt und auf herkömmlichen Wegen verteilt. Bei der Bearbeitung eines Formulars trägt das System Basisinformationen über den Bearbeiter (Name, Telefonnummer, Abteilung) automatisch in die Vordrucke ein. Die Formulare werden zentral gepflegt, so daß bei Änderungen (zum Beispiel Anschrift oder Logo) nur das Originalformular anzupassen ist.

Neben allgemein verfügbaren Vordrucken existieren für die einzelnen Gruppen spezifische Formulare, die nur Mitarbeitern dieser Bereiche zur Verfügung stehen.

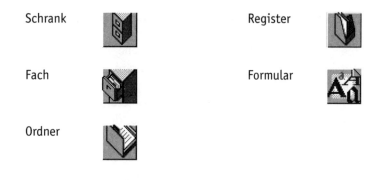

Schrank		Register	
Fach		Formular	
Ordner			

Die Ablagestruktur in LinkWorks

5.8.4.5 Elektronische Post, Verteilerlisten

Für den systeminternen Postversand bietet LinkWorks den Mitarbeitern eine grafische Abbildung ihrer Organisation an. Alle Anwender und möglichen Adressaten sind einer Organisationseinheit im dargestellten Organigramm zugeordnet. Für den wiederholten Versand an denselben Kreis von Adressaten werden Verteilerlisten genutzt.

Empfänger, die nicht über LinkWorks, sondern über ein anderes Mailsystem verfügen, lassen sich über die externe Mail-Schnittstelle adressieren.

5.8.4.6 Postbuch

Zum Registrieren ein- und ausgehender Vorgänge wurde ein Postbuch realisiert, das sämtliche Randinformationen (Attribute) über ein dort abgelegtes Dokument oder einen Vorgang, wie beispielsweise Erzeugungsdatum, Bearbeiter, Vorgangstyp, in eine Excel-Tabelle einträgt. Gruppenleiter sind mit Hilfe dieses Werkzeuges in der Lage, den Arbeitsaufwand innerhalb der Gruppe zu koordinieren.

5.8.4.7 Genehmigungs- und Überwachungsvorgänge

Erzeugt ein Mitarbeiter einen Genehmigungs- oder Überwachungsvorgang, so werden die Attribute des Vorganges (zum Beispiel das Aktenzeichen) prototypisch auf ausgewählte Vordrucke, die im Rahmen eines solchen Vorganges angelegt werden, übertragen.

Für Fälle, in denen Anlagen- und Betreiberinformationen bereits im Anlagen- und Betreiberkataster (Datenbank) existieren, wurde eine automatische Übernahme der Anlagen- und Betreiberinformationen (zum Beispiel Name und Anschrift) in den Vorgang exemplarisch realisiert.

Der Vorgang läßt sich mit Hilfe der elektronischen Post oder der LinkWorks-Workflow-Komponente an die beteiligten Mitarbeiter weiterleiten.

Sämtliche Attribute des Vorganges stehen für die Recherche und Steuerung des Workflows zur Verfügung. Jeder autorisierte Mitarbeiter kann die momentane Bearbeitungssituation und den Status des Vorganges abfragen.

5.8.5 Benefits und Potentiale

5.8.5.1 Höhere Qualität und Geschwindigkeit von Arbeitsvorgängen

Die Nutzung von elektronischer Post und Workflow-Komponenten führt zu einer deutlichen Verkürzung der Durchlaufzeit elektronisch verfügbarer Vorgänge. Der Zugriff auf relevante Informationen (Gesetzessammlungen, Anlagen- und Betreiberkataster) sowie auf bereits abgeschlossene Vorgänge erfolgt online, mit komfortablen Recherchewerkzeugen. Die Möglichkeit, Vorgänge parallel zu bearbeiten, beschleunigt ihren Durchlauf zusätzlich. Durch Wegfall von Mehrfachablagen entfallen die damit verbundenen Zeiten zum Kopieren.

Die schnelle Bereitstellung detaillierter Informationen unterstützt Führungskräfte bei der Vorbereitung von Entscheidungen.

Die Auswertung von Informationen über den Bearbeitungsstand (Status) der Vorgänge hilft bei der Arbeitsverteilung; Überlastungen einzelner Mitarbeiter lassen sich vermeiden.

5.8.5.2 Integration aller erforderlichen Anwendungen auf einem elektronischen Schreibtisch

Auch ungeübte Benutzer beherrschen den elektronischen Schreibtisch schon nach kurzer Einarbeitungszeit. Sie arbeiten weiterhin in ihren gewohnten PC-Anwendungen, die sie an ihrem elektronischen Schreibtisch starten.

5.8.5.3 Gemeinsame Dokumentenablage, Versionsverwaltung und Zugriffskontrolle

Alle Informationen sowie die in gemeinsamen Ablagen gespeicherten elektronischen Vorgänge und Dokumente stehen orts- und zeitunabhängig zur Verfügung. Das System erlaubt das Teilen (gemeinsames Benutzen) von Ablagestrukturen zwischen genau den Mitarbeitern, die Zugriff auf die darin enthaltenen Informationen benötigen. Dabei spielt es keine Rolle, ob der Ersteller des betreffenden Dokumentes momentan oder vielleicht gar nicht mehr verfügbar ist.

5.8.5.4 Zentrale Verwaltung von Gesetzessammlungen und Formularen

Textsammlungen und Formulare werden nur einmal im System abgelegt und stehen aktuell allen Mitarbeitern zur Verfügung. Das Kopieren und Verteilen an die Mitarbeiter entfällt.

5.8.5.5 Zentrale Steuerung und Sicherung der kompletten Büroumgebung

Die komplette Büroumgebung wird zentral gesteuert. Konfiguration und Verwaltung, einschließlich der Datensicherung, werden zentral durchgeführt. Die Datensicherung auf dem Server verhindert die von PC-Netzen bekannten Probleme der Sicherheit und des gemeinsamen Datenzugriffs. Die Integrität und vollständige Verfügbarkeit der gemeinsam genutzten Informationen ist gewährleistet.

5.8.6 Fazit

Mit der Einführung des BK-Systems schuf die Senatsverwaltung die Voraussetzung für eine effizientere Abwicklung der Genehmigungs- und Überwachungsverfahren. Es zeigte sich, daß BK-Systeme im Konsens zwischen Leitung und Mitarbeitern effizient entwickelt werden können. Wie stets bei der Einführung moderner Arbeitsmittel, so war auch hier anfänglich die Skepsis in bezug auf Sinn und Nutzen derartiger Umstellungen weit verbreitet. Der behutsame Abbau dieser Skepsis sowie das Ausprobieren des Erreichten führten in der Praxis zur Akzeptanz des BK-Systems durch die Leitung und viele Mitarbeiter. Das BK-System wird immer mehr zum integralen Bestandteil der täglichen Arbeit und unterliegt einer ständigen Weiterentwicklung.

5.9 Links und Literatur

http://www.collaborate.com
Informationssammlung, zusammengestellt von David Colemen, mit Regeln, praktischen Tips und Literaturhinweisen.

http://www.uto.dec.com/lnx/lnx/publikations.html
White paper zu Groupware und LinkWorks-Anwenderberichte

http://www.aiai.ed.ac.uk/wfmc/overview.html
Überblick zur Workflow Management Coalition

Bullinger, Hans-Jörg: *Dokumenten-Management und Workflow-Management.* IRB Verlag 1995

Jablonski, Stefan: *Workflow-Managementsysteme.* International Thomson Publ. 1995

Hartmann, A.: *Menschengerechte Groupware - softwareergonomische Gestaltung und partizipative Umsetzung.* Teubner Verlag 1994

Karl, Renate / Wolfgang Deiters: *Studie Workflow Management - Groupware Computing Teil 1 + 2.* DSK Beratungs-GmbH, Fichtestr. 4, 85276 Pfaffenhofen

6 Data Warehouse
Aus Daten Entscheidungswissen gewinnen

6.1 Begriffe

Ein Data Warehouse ist eine Art Informationslager, welches die Analyse und den Vergleich operativer, historischer und externer Daten sowie die Berechnung von Prognosen erlaubt und interne wie externe Trends sichtbar macht. Es dient der Unterstützung von Entscheidungen in allen Unternehmensebenen.

Von der Detaillierung der Daten und ihrer Analysierbarkeit hängt die Qualität der Informationen ab.

Das Data Warehouse stellt eine vom operativen Bereich (vom Tagesgeschäft) losgelöste, homogene und konsistente Datenbasis bereit. Quellen dieser Datenbasis sind die im Unternehmen vorhandenen DV-Anwendungen und Datenhaltungssysteme, aber auch externe Daten, zum Beispiel aus Online-Diensten, dem Internet oder elektronische Presse-Ausschnitte.

Struktur und Umfang der Datenbasis in einem Data Warehouse besitzen eine spezifische Form, die zum einen die Verfügbarkeit entscheidungsrelevanter Informationen in bedarfsgerechter Form gewährleistet und zum anderen die grundsätzliche Analysierbarkeit der Daten sichert.

6.2 Informationen aus dem Data Warehouse

6.2.1 Grenzen der EIS- und MIS-Konzepte

Für die Bereitstellung von Informationen und deren Auswertung für das Management gibt es schon seit geraumer Zeit sogenannte „dispositive Systeme". Die Idee ist also nicht neu: Die Konzepte von EIS (Executive Information System) und MIS (Management Information System) hatten zum Ziel, Informationen für die Unterstützung von Entscheidungen zu liefern. Allerdings hatten diese Systeme natürliche Grenzen, die zum einen historisch und technisch bedingt sind, denkt man an die limitierten Ressourcen und das technische Niveau vergangener Jahre. Zum anderen sind es die Grenzen ihres konzeptionellen Ansatzes: Sie waren ausgerichtet auf die spezifischen Informationsbedürfnisse feststehender Adressaten und boten vorgedachte Auswertungen und Präsentationen.

<small>Nicht nur Führungskräfte haben berechtigte Informationsbedürfnisse.</small>

Viele EIS-Projekte verliefen erfolglos, weil sie die Erwartungen nicht erfüllen konnten. Hauptsächliche Mängel waren der unzureichende Datenzugriff sowie Benutzeroberflächen, die von den Führungskräften kaum akzeptiert wurden. Es zeigten sich organisatorische und auch kulturelle Probleme. Vorab mußte exakt festgelegt werden, welchem Manager welche Informationen in welchen Zeitabständen und in welcher Form geliefert werden sollen. Er hatte sodann keine Chance mehr, die erhaltenen Ergebnisse angesichts aktueller Fragestellungen zu vertiefen oder zu erweitern. Außerdem war es offenkundig fragwürdig, ob ausschließlich Führungskräfte wichtige Informationen erhalten sollten.

6.2.2 Datenbasis für das gesamte Unternehmen

Mit einem Data Warehouse wird eine zentrale Datenbank eingerichtet, welche sämtliche Informationen für alle im Unternehmen denkbaren sinnvollen Auswertungen organisiert und verwaltet. Das Data Warehouse bereinigt und verdichtet die Daten und speichert sie über mehrere Jahre.

Das Data Warehouse muß so organisiert sein, daß die Beantwortung der Nutzeranfragen ohne Programmieraufwand möglich wird. Die Festlegung der Data-Warehouse-Organisation ist ein groß angelegtes Projekt. Eine Verbindung zum Tagesgeschäft gibt es durch festgelegte Zyklen für das Update des Data Warehouse. Aus der Entwicklung der Leistungsfähigkeit der Informationstechnik resultiert der Trend zur kontinuierlichen Verkürzung dieser Zyklen.

Die Nutzer verwenden spezielle Werkzeuge (Tools) für ihre Anfragen und Analysen. Ein Data Warehouse bedient alle Fach- und Management-Ebenen des Unternehmens gleichermaßen. Durch die gemeinsame Datenbasis lassen sich Delegationsaufgaben effizient und ohne Systembrüche wahrnehmen. Entscheidungsprozesse werden immer häufiger „nach unten" delegiert. Traditionelle EIS- und MIS-Konzepte erreichen nicht die Ebene dieser neuen Entscheidungsträger. Ein Data Warehouse stellt dagegen ein Informationsangebot für das gesamte Unternehmen dar. Eine Beschränkung in der Zielgruppe sollte es daher beim Aufbau nicht geben.

6.3 Die Organisation eines Data Warehouse

Herzstück des Data Warehouse sind die Metadaten, welche das „Dictionary" des Warehouse bilden und zugleich die gesamte Datenlogistik organisieren und steuern. Ein Data Warehouse hat im wesentlichen drei Aufgaben zu erfüllen: Datenextraktion (-bereitstellung), Datenmanagement und Datenauswertung.

6.3.1 Metadaten: Datenlogistik und Dictionary im Warehouse

Metadaten bilden den Kern des Data Warehouse. Sie enthalten alle Informationen über seinen Inhalt und seine Struktur. Über die Funktion eines Data Dictionary hinaus steuern sie den gesamten Prozeß der Datenlogistik. Sie enthalten auch Automatismen für die freie Navigation und das Drill-down. Die Metadaten definieren zulässige Verknüpfungen und Verwendungen von Daten als Grundlage für ihre mehrdimensionale Auswertung. Mit den Metada-

Intelligente Metadaten sind das Kernstück eines Warehouse-Konzeptes.

ten können sich die Benutzer einen Überblick darüber verschaffen, wie das Data Warehouse aufgebaut ist und wo welche Informationen zu finden sind. Deshalb ist ihre sorgfältige Planung von zentraler Bedeutung.

6.3.2 Datenextraktion

Für das automatische „Laden" und Aktualisieren des Warehouse stehen spezielle Werkzeuge bereit.

Zumeist werden Warehouses täglich mit neuen Daten aufgefüllt. Dafür gibt es Software-Werkzeuge, mit denen sich die Daten extrahieren, umformatieren und in die Struktur des Data Warehouse einbringen lassen. Die Werkzeuge werden sowohl anfangs zum Laden der Warehouse-Datenbank als auch später zu ihrer Wartung benötigt.

Ein Data Warehouse braucht den universellen Zugriff auf alle elektronisch verfügbaren Daten: extern aus Online-Wirtschafts- und Nachrichtendiensten, Internet und ähnlichem, intern aus den „operativen Systemen".

Operative Systeme sind jene DV-Anwendungen, die die betrieblichen Abläufe und Funktionen von der Buchhaltung über die Produktion, die Materialwirtschaft bis zum Personalwesen abbilden und automatisieren. Häufig sind sie in Form betriebswirtschaftlicher Standardsoftware im Einsatz. In ihnen und in diversen Datenbanken und Datenhaltungssystemen stecken die Massendaten des Unternehmens. Damit bilden sie eine der wichtigsten Quellen, aus denen das Management Informationen für die Vorbereitung von Entscheidungen, für die Planung und Steuerung des Unternehmens erhält.

Die operativen Daten sind zweckbezogen auf die Erfüllung einer konkreten Aufgabenstellung ausgerichtet. Diesen Aufgaben entsprechend sind ihre Begrifflichkeiten gewählt, ihre Formate organisiert und die Zusammenhänge gebildet, in denen sie verwendet werden. Sie befinden sich im „Besitz" ihrer Eigner und Nutzer in einem abgegrenzten Bereich. Außerdem spiegeln sie nur einen Moment des Unternehmensgeschehens wider, nicht aber den Wandel der Ereignisse.

Um hochgradig verdichtete Management-Informationen daraus zu gewinnen, müssen die Daten bereinigt, gefiltert, umcodiert, sortiert und gegebenenfalls vorverdichtet werden. Dieser Prozeß wird in der Fachsprache als „Konsolidierung" der Daten bezeichnet.

Um aus Daten Informationen zu gewinnen, müssen die Daten zuerst aufbereitet werden.

In die Beantwortung von Management-Anfragen oder -Analysen sind häufig erhebliche Datenmengen einzubeziehen. Der direkte Zugriff auf die Datenbestände würde die operativen Systeme stark behindern. Hinzu kommt, daß Form und Zusammenhänge dieser Daten ihrer Zweckbestimmung in den jeweiligen Systemen entsprechen. Dadurch sind sie auf Management-Anfragen nicht „eingerichtet" und oft auch gar nicht in der Lage, einen solchen Zweck zu erfüllen.

Die Transformation der operativen Daten in thematisch strukturierte Informationsdatenbanken stellt die Hauptaufgabe beim Aufbau des Data Warehouse dar. Sie ist eher konzeptionell ausgerichtet und verlangt den Unternehmen den Umgang mit einer beträchtlichen Komplexität ab.

6.3.3 Datenmanagement

Hier geht es um die Struktur des Data Warehouse, welche die Organisation und Verwaltung der Daten festlegt. Im Unterschied zu klassischen Datenbanken ist die Struktur eines Data Warehouse themenorientiert. Mit „Themen" sind dabei die Struktur des Unternehmens, seine Prozesse und Abläufe gemeint.

An dieser Stelle kommt der Begriff der „Dimension" ins Spiel. Dimensionen sind natürliche Umsetzungen der Sachverhalte der realen (Unternehmens-) Welt. Sachverhalte können zum Beispiel unter zeitlichen, räumlichen oder auch spezielle Produkte und deren Varianten betreffenden Aspekten betrachtet werden. Zeit, Raum und Produkte sind dabei die Dimensionen im Data Warehouse. In der Praxis hat sich gezeigt, daß sich die Anzahl unternehmensrelevanter Dimensionen durchschnittlich zwischen 10 und 15 bewegt.

Die „kleinste Informationseinheit" hat entscheidenden Einfluß auf den Ressourcenbedarf des Data Warehouse.

Die Dimensionen legen Struktur und Klassifizierungen der Daten im Data Warehouse fest. Alle Dimensionen haben zusätzlich verschiedene Grade der Detaillierung (Verdichtungsebenen). Verdichtungsebenen der *Zeit* sind beispielsweise, Jahrzehnt, Jahr, Jahreszeit, ... oder Stunde. Die Dimension *Raum* könnte in Stadt, ..., Großraum, Landkreis, Vertriebsgebiet, Filialen, ... detailliert sein, und zum *Produkt* könnten Verdichtungsebenen, wie Verpackung, Versandform, ..., Motortyp und Preis gehören. Die Verdichtung der Daten bezeichnet man als „Aggregation", das Niveau der Verdichtung als „Aggregationsebene". Dabei ist die unterste Aggregationsebene jene Präsentation der Daten, die sich nicht weiter aufschlüsseln läßt - die „kleinste Informationseinheit" innerhalb einer Dimension. Von der Wahl der Aggregationen und ihrer untersten Ebene hängt in entscheidendem Maß das Datenvolumen und damit der Ressourcenbedarf des Warehouse ab. Deshalb ist genau zu prüfen, welche „kleinste Informationseinheit" für die späteren Abfragen und Analysen notwendig ist. Beispielsweise ist es vielleicht nicht erforderlich, innerhalb eines Vertriebsgebietes jede einzelne Filiale abzufragen, weil es für die gewünschten Aussagen völlig ausreicht, das komplette Vertriebsgebiet oder einen Ausschnitt daraus anzuschauen.

Von oben nach unten enthält jede Aggregationsebene Daten in den entsprechenden Verdichtungen. Bestimmte Daten sind auf allen Aggregationsebenen zu finden, das heißt, sie sind mehrmals abgespeichert. Diese vermeintliche Redundanz bewirkt einen durchaus gewollten und sinnvollen Effekt: Spätere Abfragen und die Navigation im Warehouse werden stark erleichtert. Hier müssen die künftigen Anwender genau überlegen, welche Verdichtungen im Sinne von Vorab-Zusammenfassungen sie häufig brauchen werden. Natürlich ist es möglich, gewünschte Zusammenhänge erst nach einer konkreten Anfrage berechnen zu lassen. Deshalb könnte man theoretisch auf Aggregationen verzichten. Im Interesse des späteren Komforts bezüglich Abfragen und Navigation würde man damit allerdings entscheidende Vorteile eines Data Warehouse verschenken.

Vor dem Einrichten des Data Warehouse müssen alle möglichen Erkenntnisinteressen definiert sein. Aus ihnen leiten sich die Dimensionen und ihre Aggregationsebenen ab. Damit wird deutlich, daß die Auseinandersetzung mit den Unternehmensprozessen eine unabdingbare Voraussetzung für den Erfolg eines Data-Warehouse-Projektes ist.

▶ Geschäftsprozeßmodellierung

6.3.4 Datenauswertung

Die Art und Weise der Auswertung und Visualisierung der Informationen aus dem Data Warehouse sind abhängig von den spezifischen Anforderungen des Unternehmens. Erfahrungsgemäß wird eine Mischung aus vordefinierten Reports und dem freien Navigieren in Datenbeständen mit unterschiedlichen Verdichtungsebenen zu organisieren sein.

Mehrdimensionale Analysen ermöglichen neue Sichten auf dieselben Daten und machen Zusammenhänge erkennbar.

Mehrdimensionale Analysen haben den Vorteil, daß die Anwender schnell und ohne zusätzliche Programmierung neue Sichten auf die gleichen Daten erhalten. So lassen sich auch bisher unberücksichtigte Zusammenhänge erkennen.

Manager wollen zum Beispiel wissen, welchen Einfluß der Einsatz verschiedener Marketing-Instrumente innerhalb von zwei Jahren auf die Marktchancen bestimmter Produkte hatte. Wünschenswert ist dabei, daß der Anwender mit Hilfe eines komfortablen Navigationssystems jede gewünschte (Detail-) Information auf einfachem Wege erhalten und alle verfügbaren Dimensionen in die Navigation einbeziehen kann. So könnte es aufschlußreich sein zu erfahren, ob regionale Unterschiede existieren (Dimension Raum), ob das Durchschnittsalter der Kunden eine Rolle beim Erfolg der Marketing-Maßnahmen gespielt hat (Dimension Alter), ob die Jahreszeit Einfluß auf das Kaufverhalten hatte (Dimension Zeit) und vieles mehr. Dabei darf der Nutzer erwarten, daß das System automatisch kritische Aspekte signalisiert (im Sinne eines Warnsystems) und daß grafische Präsentationswerkzeuge dafür sorgen, daß er die Aussagen aus dem Data Warehouse beispielsweise nicht als unübersichtliche Zahlenkolonnen, sondern in einer seinen Erkenntnisinteressen entsprechenden äußeren Form erhält.

„Drill-down" für das Erschließen höherer Detaillierungsgrade.

Das stufenweise Erschließen immer höherer Detaillierungsgrade, vom Allgemeinen zum Speziellen, wird in der Fachsprache als „Drill-down" bezeichnet. Wie in einer räumlichen Matrix mit Zeilen und Spalten, welche die Dimensionen und ihre Detaillierungsgrade darstellen, kann der Nutzer die ihn interessierenden Zusammenhänge und Verknüpfungen wählen.

Die dynamische Auswertung von Daten hat einen Namen: OLAP - Online Analytical Processing. Dafür bietet der Markt unterschiedliche Werkzeuge an. Die Funktionalität dieser Werkzeuge soll dem Anwender in einer leicht bedienbaren Art - interaktiv und multimedial, teilweise auch bereits objektorientiert - zur Verfügung gestellt werden. Zu den wichtigsten Anforderungen an OLAP-Werkzeuge zählen:

- mehrdimensionale Sichten auf die Daten, zum Beispiel nach Regionen oder nach Zeit
- Unterstützung des Zugriffs auf Datenbanken und andere Datenquellen
- Leistungsfähigkeit beim Erstellen von Berichten: Ein Erhöhen der Anzahl der verwendeten Dimensionen durch den Anwender darf die Zeit für das Bearbeiten der Anfrage nicht wesentlich beeinflussen
- zusätzliche Rechner-Arbeitsplätze müssen sich mit einem Minimum an Aufwand integrieren lassen

- für alle Dimensionen sollte es nur eine logische Struktur geben
- Unterstützung von Regeln für Sicherheit, Integrität sowie für konkurrierende Zugriffe durch mehrere Anwender

OLAP-Werkzeuge erlauben dynamische und flexible Datenauswertung.

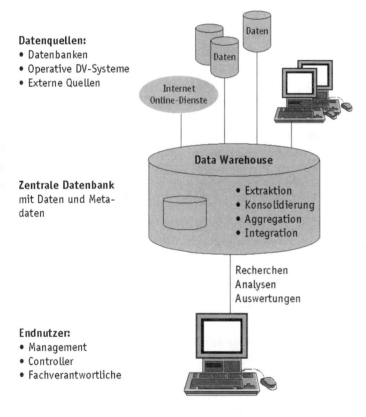

Die Organisation eines Data Warehouse

- Berechnungen und andere Aktivitäten zwischen beziehungsweise über verschiedene Dimensionen dürfen nicht den Eingriff des Anwenders erfordern
- Drill-Down und andere Bearbeitungsschritte sollen dem Anwender ohne lange Wege die Darstellung der Daten aus anderer Sicht erlauben.

6.4 Der Weg zum Data Warehouse

Die Herausforderungen eines Warehouse sind weniger technischer als vielmehr unternehmenspolitischer und organisatorischer Art.

Der wirtschaftliche Erfolg eines Data Warehouse hängt nicht zuerst von der Qualität der DV-Unterstützung ab, sondern von den Unternehmenszielen, von der Qualität der Unternehmensführung und -organisation. Das Unternehmen als Ausgangs- und Endpunkt eines Data-Warehouse-Vorhabens kann für das Vorgehen als Leitgedanken formulieren: „Identifiziere die Geschäftsbereiche und -prozesse, die den größten positiven Einfluß auf die langfristigen, strategischen Unternehmensziele und -visionen haben - und optimiere sie".

Um ein Data Warehouse zu planen und zu realisieren, sind folgende Schritte erforderlich:

1. unternehmerische Inhalte vor die Technologie stellen
2. exakte Anforderungen bestimmen
3. alle internen und externen Quellen identifizieren, aus denen Daten extrahiert werden können/müssen
4. Daten in bezug auf ihren Informationsgehalt, ihre Wertebereiche und ihre Form analysieren
5. Datenbasis mit einheitlichen Begriffsdefinitionen und Formaten aufbauen
6. Konzept für die Datenlogistik entwickeln: Transformations- und Integrationsprozesse beschreiben
7. Metadaten zusammenstellen
8. Ressourcen großzügig planen
9. physikalische Data-Warehouse-Datenbank einrichten

10. paßfähige Analyse- und Präsentations-Funktionen aufsetzen
11. Weiterentwicklung und Pflege planen
12. mit Pilotprojekt starten

6.4.1 Aufwand nicht unterschätzen: Ein Data Warehouse ist ein großes Projekt

Nicht selten unterschätzen die Fachbereiche ein Data-Warehouse-Projekt, weil sie es mit den bisher eingesetzten Executive Information Systems (EIS) gleichsetzen (die übrigens auch schon sehr aufwendig waren). Der Unterschied ist jedoch gewaltig. Ein EIS alter Prägung greift zumeist nur auf wenige oder eine einzige Datenbank zurück. Es wird abteilungsorientiert eingesetzt und bedient lediglich eine kleine Zahl ausgesuchter Führungskräfte mit Informationen. Sie erhalten die Informationen in einer vorgefertigten Sicht - ohne die Möglichkeit einer mehrdimensionalen Analyse, wie sie moderne OLAP-Tools bieten.

Im Data Warehouse müssen die Daten nicht nur konsolidiert, sondern auch restrukturiert werden. Tabellen sind umzugestalten, nutzlose Daten auszumustern und neue Felder hinzuzufügen. Je größer die Datenmengen sind, um die es sich handelt, und je vielfältiger ihre Datenhaltungsformen, desto schwieriger wird ihre regelmäßige Umsetzung in Data-Warehouse-Informationen. Außerdem kann die so entstehende Mehrbelastung des Netzes den Ausbau der Übertragungskapazitäten im Unternehmen erforderlich machen. Hinzu kommt, daß ein Data Warehouse extrem ressourcenintensiv ist. Unter diesem Aspekt ist die Hardware auszuwählen.

Der Aufwand für ein Data Warehouse ist vergleichbar mit der Einführung eines unternehmensweiten betriebswirtschaftlichen DV-Systems.

Der Aufbau eines Data Warehouse kostet Geld, Zeit und viel Arbeit. Er ist vergleichbar mit der Einführung eines unternehmensweiten betriebswirtschaftlichen DV-Systems. Kosten lassen sich erst dann einsparen, wenn die Infrastruktur steht und von möglichst vielen Mitarbeitern genutzt wird. Der Aufbau eines Data Warehouse ist nicht in einigen Wochen machbar und verlangt den massiven Einsatz von DV-Spezialisten. Insgesamt erscheint der Einsatz eines Data Warehouse zur Zeit vor allem für große Unternehmen interessant. Für ein komplettes Warehouse kann mit Kosten von mehreren Millionen Mark gerechnet werden.

6.4.2 Erfolg hängt von der Akzeptanz der Nutzer ab

Häufig verursacht die mit dem Data Warehouse verbundene Öffnung und Transparenz der Quellen unternehmerischer Aktivitäten größere Schwierigkeiten. Einfach ausgedrückt: Die für die operativen Systeme verantwortlichen Mitarbeiter lassen sich mitunter äußerst ungern „in die Karten schauen".

Schließlich liefert das Data Warehouse möglicherweise Ergebnisse, welche den Anstoß für die Optimierung beziehungsweise Veränderung betrieblicher Prozesse geben. Das bringt Vorteile und sozialen Zündstoff zugleich hervor. Wer langfristig positive Ergebnisse aus der Nutzung des Data Warehouse erhalten will, muß bereit und fähig sein zu kritischer Auseinandersetzung und Veränderung.

Ein Data Warehouse rechnet sich nur dann, wenn es möglichst viele Mitarbeiter nutzen.

Der Maßstab für den Erfolg eines Data Warehouse ist die Nutzerakzeptanz. Schließlich ist es der ureigenste Zweck eines Data Warehouse, möglichst viele Nutzer auf komfortable und einfache Weise mit Informationen zu versorgen. Deshalb ist es notwendig, die künftigen Anwender von Anfang an aktiv in das Vorhaben zu integrieren und ihre Anforderungen ernst zu nehmen. Nutzer, die ausgegrenzt werden oder sich selbst ausgrenzen, werden die stärksten Kritiker des fertigen Systems sein. Es gibt keinen größeren Mißerfolg in einem so gewaltigen Projekt als ein Data Warehouse, das nur von wenigen Mitarbeitern nur in seltenen Fällen genutzt wird.

6.4.3 Schrittweise zur unternehmensweiten Lösung, auch Data Marts lohnen sich

Im Gegensatz zu den meisten gescheiterten Ansätzen - man denke zum Beispiel an die großen Business-Reengineering-Projekte - geht das Data Warehouse nicht von einem Top-down-, sondern von einem Bottom-up-Ansatz aus: Man beginnt mit einem kleinen, häufig abteilungs- oder aufgabenbezogenen, (Pilot-)Projekt und erhöht dann schrittweise den Grad der Abdeckung. Auf diese Weise bleibt das Data Warehouse offen für Erweiterungen. Seine Flexibilität bezüglich Änderungen und Ergänzungen ist eine entscheidende Voraussetzung für sein langes und nützliches Leben.

Mit kleineren Pilotanwendungen beginnen und danach schrittweise eine unternehmensweite Lösung aufbauen.

Funktionsfähige Teillösungen, in der Fachsprache „Data Marts" genannt, werden in manchen Unternehmen zunehmend eingesetzt. Sie sind beispielsweise in Entwicklungsabteilungen sinnvoll, wo erhebliche Datenmengen verschiedenster Quellen, aus Gegenwart und Vergangenheit miteinander zu verknüpfen sind. Data Marts realisieren die komplette Funktionalität des Warehouse-Konzepts. Sie sind lediglich in ihrem Volumen und in der Zahl ihrer Nutzer beschränkt. Data Marts sind mit weniger Aufwand realisierbar und lassen sich bei Bedarf schrittweise ergänzen und erweitern.

Data Marts sind erweiterbare Warehouse-Lösungen für ausgewählte Unternehmensbereiche.

6.4.4 Markt bietet Komplettlösungen und Vielfalt von Tools

Anbieter von Komplettlösungen bauen mit weitgehend eigenen Tools ein Data Warehouse auf. Auch Systemintegratoren führen komplette Projekte durch. Daneben existiert bereits ein Angebot schlüsselfertiger Branchenlösungen, zum Beispiel für Banken. Toolanbieter schließlich konzentrieren sich auf bestimmte Teilgebiete, beispielsweise auf das Transformieren und Modellieren von Daten oder auf die Auswertungs- und Präsentationsfunktionen

(OLAP-Tools). Vor der Auswahl des geeigneten Lösungsweges stehen in jedem Fall die sorgfältige Analyse der eigenen Abläufe und die Definition der spezifischen Anforderungen.

6.5 Fazit: Neue Chancen für schnelle Entscheidungen

Mit einem Data Warehouse lassen sich Zusammenhänge und Trends erkennen, Vergleiche anstellen, Prognosen treffen und Innovationen anregen.

Das Data Warehouse eröffnet neue Chancen, verteilt vorliegende Massendaten gezielt in jene Informationen zu überführen, welche die Grundlage für fundierte und strategische Entscheidungen bilden. Damit kann nahezu jede Beziehung zwischen Kunde, Produkt und Hersteller genau analysiert und bewertet werden. Die gegenwärtige Lage eines Unternehmens läßt sich mit früheren Zuständen vergleichen. Dadurch wird es möglich, Entwicklungsprognosen zu treffen, Trends zu erkennen und Innovationen anzuregen.

Die Auswertungsarbeit verlagert sich von der zentralen DV-Abteilung auf den Nutzer in der Fachabteilung. Nutzer sind dabei alle Mitarbeiter, die spezifisch für ihre Aufgaben aufbereitete Informationen benötigen - von der Chefetage bis zu den Fachabteilungen. Alle haben dieselbe Sicht auf die Informationen und verwenden einheitliche Begriffe und Formate.

Auswertung und Präsentation der Ergebnisse müssen den spezifischen Anforderungen des Unternehmens entsprechen.

Ein Data Warehouse erfüllt nur dann seinen Zweck, wenn seine Auswertungs- und Präsentationsfunktionen auf die unternehmensspezifischen Bedürfnisse bezüglich Entscheidungsfindung und -unterstützung ausgerichtet sind. Die dynamische Analyse der Daten, Mehrdimensionalität und Datenvisualisierung stehen hierbei im Vordergrund. Die Variabilität des „Point of View", das heißt die Möglichkeit, in den Daten frei zu navigieren, die Informationen bedarfsgerecht auszuwählen und uneingeschränkt auswerten zu können, ist der hervorstechende Vorteil eines Data Warehouse.

6.6 Fallbeispiel
Data Warehouse in der Versicherung

6.6.1 Steckbrief

Das Data Warehouse der R+V Versicherungs AG versorgt alle Hierarchieebenen und Abteilungen des Unternehmens auf der Grundlage bereinigter und konsolidierter Daten mit einheitlichen aktuellen Informationen. Die erste Data Mart für die Erfolgsrechnung ist im Einsatz, zwei weitere befinden sich in der Realisierung. Die Nutzer des Systems navigieren über eine grafische Bedienoberfläche im Datenbestand und führen individuelle Analysen in verschiedenen Aggregationsebenen durch. Abteilungsübergreifende Kennzahlen ermöglichen die markt- und kundenorientierte Steuerung des Geschäftes.

Benefits
- Einheitliche Sicht auf die Vertragsentwicklung
- Schnelle Reaktion auf Marktveränderungen
- Senkung der DV-Betriebskosten
- Mehr Kundennähe durch Analyse der Daten

Entwicklungszeitraum

Einrichten der Infrastruktur, Integration in die Host-Umgebung (Migration), Aufbau des Datenbestandes und Data Mart „Erfolgsrechnung": 9 Monate

Systemcharakteristika

Das Data Warehouse stellt eine Datenbank dar, die sämtliche entscheidungsrelevanten Daten der Versicherung verwaltet und verdichtet. Der Datenbestand ist für die Anfragen und Analysen der etwa 150 Nutzer organisiert. Das Data Warehouse extrahiert Daten aus operativen DV-Systemen der Versicherung und aus externen Quellen, zum Beispiel Daten von Verbänden und Mitbewerbern.

Die Nutzer haben an ihren PC-Arbeitsplätzen Zugang zum Data Warehouse.

Werkzeuge/Standardsoftware

Sequent-Hardware mit Unix-Server (Symmetrischer Multiprocessing Server), Informix-Datenbank (XPS), Analyse- und Zugriffssoftware „Holos" der Firma Seagate Software.

6.6.2 Ausgangssituation

Mit 9 Milliarden Mark Beitragseinnahmen, 40 Milliarden Mark Kapitalanlagen und fast 13 Millionen Versicherungsverträgen zählt die R+V Versicherung zu den führenden deutschen Versicherungsgruppen. Sie bietet Privatkunden und Unternehmen der mittelständischen Wirtschaft Versicherungsschutz in allen gängigen Sparten. Durch ihre Zugehörigkeit zum genossenschaftlichen FinanzVerbund ist die R+V Versicherung über 2.600 Volksbanken und Raiffeisenbanken mit 17.000 Zweigstellen überall in Deutschland schnell zu erreichen.

Die ehemalige Datenverarbeitung mit einem klassischen Großrechner und einem MIS-System mit „kryptischen" Abfragen war an den Grenzen ihrer Leistungsfähigkeit angelangt. Das Controlling erhielt nur vierteljährlich eine Darstellung der Erfolgsrechnung. Unbefriedigend war in erster Linie, daß jeder dafür erforderliche Verdichtungslauf zur Datenextraktion 40 bis 60 Stunden, also mindestens eine Arbeitswoche dauerte und den normalen Betrieb des Rechenzentrums belastete. An häufigere Auswertungen, die für schnelles Reagieren auf Marktveränderungen erforderlich sind, war nicht zu denken.

6.6.3 Systemmerkmale

Das Data Warehouse der R+V Versicherung ist keine Insellösung, sondern ein komplexes Informationssystem, das in die vorhandene DV-Infrastruktur integriert ist und ein Decision Support System (DSS) unternehmensweit zur Verfügung stellt. Es verwaltet die dispositiven Daten und verdichtet sie monatlich.

Spartenübergreifende Kennzahlen ermöglichen dabei die markt- und kundenorientierte Steuerung des Geschäfts. Mit dem Erfassen von Zeitperioden, Produkten, der regionalen Gliederung der Vertriebsgebiete, Sparteneinteilungen und Vertriebskanälen entstand eine gemeinsame Geschäftssicht.

Die derzeit bestehende Datenbasis von über 200 Gigabytes umfaßt die rund 4.200 Außendienstmitarbeiter des Hauses nebst zahlreichen Agenturen, Kennziffern von 2.600 Bankinstituten und ihren 17.000 Zweigstellen sowie Kennziffern für die Auswertung der Geschäftstätigkeit nach Erfolgskriterien. Ein einheitliches Regelwerk legt die Dateiformate fest und sorgt für die Konsistenz der Daten. Die Hardware-Basis des Data Warehouse ist ein Datenbank-Server mit einer Kapazität von 800 Gigabyte.

Moderne OLAP-Anwendungen und eine benutzerfreundliche grafische Bedienoberfläche unterstützen die Nutzer bei der Analyse und beim Navigieren durch die Datenbestände. Derzeit haben 150 Nutzer gleichzeitig Zugriff auf die Datenbank.

Der gewählte Data-Mart-Ansatz ermöglicht ein Data Warehousing, bei dem jeweils überschaubare Geschäftssichten realisiert werden, die sich dann schrittweise um neue Sichten ergänzen lassen. Zuerst wurde das System für die Erfolgsrechnung realisiert. Es folgen Informationssysteme mit den Bestandsdaten der 12,8 Millionen Verträge und für den Außendienst.

Statt monatlich sollen die Daten zukünftig täglich ausgewertet werden, die Datenmenge wird um ein Vielfaches größer sein.

Die Antwortzeiten des Systems liegen unter zwei Sekunden. Die grafische Bedienoberfläche ermöglicht sowohl standardisierte als auch Ad-hoc-Abfragen und sorgt für ein komfortables Navigieren in den unterschiedlichen Aggregationsebenen der Daten (Organisationsebenen, Zeitdimensionen, Produktebenen etc.).

6.6.4 Vorgehensweise

Für die Neuentwicklung eines Data Warehouse waren 19 Sparten DV-technisch und organisatorisch abzubilden. Das Zentralressort Informationssysteme der R+V Versicherung etablierte dafür eine unternehmensweite Datennutzer-Konferenz, die regelmäßig tagte. Hier wurden in einer Potentialanalyse Chancen und Risiken eines Data Warehouse untersucht. Die Entscheidung fiel zugunsten eines spartenübergreifenden integrierten Gesamtsystems, das schrittweise in Form von Data Marts aufgebaut werden sollte. Dieses Vorgehen machte die Vielfalt und Komplexität der zu berücksichtigenden Daten und Systeme beherrschbar.

6.6.5 Nutzungskonzept

Das Data Warehouse stellt Informationen einheitlich dar und unterstützt Analyse- und Entscheidungsprozesse über alle Hierarchieebenen und Abteilungen hinweg. Führungskräfte, Controller, Filialdirektionen und Außendienstmitarbeiter greifen entsprechend ihrer Berechtigung per PC auf denselben Datenbestand zu und können das Geschäft bis in die kleinste Vertriebseinheit ergebnisorientiert analysieren und steuern. Eine Vielzahl von Benutzern aus unterschiedlichen Fachbereichen kann gemeinsam und gleichzeitig an einer Analyse arbeiten.

Daten aller Quellen vereinigen sich

Jeder Endbenutzer erhält aus Tausenden von Datenquellen mit wenig Aufwand die benötigten konsolidierten Informationen.

Über eine Copy-Management-Anwendung werden diese Informationen aus den vorhandenen (operativen) DV-Systemen zusammengetragen: Bestandsführung, Buchhaltung, Kundendaten etc.

Neben den internen Daten wird das Data Warehouse auch aufbereitete Daten von Verbänden und von Mitbewerbern enthalten.

6.6.6 Benefits und Potentiale

6.6.6.1 Einheitliche Sicht auf Vertragsdaten

Die einheitliche Sicht auf die Vertragsentwicklungen erleichtert das Controlling und die Steuerung des Geschäfts und ist eine Voraussetzung für schnelleres Reagieren auf Marktveränderungen, aber auch für verbesserten Kundendienst.

6.6.6.2 Schnelle Reaktion auf Marktveränderungen

Das Unternehmen ist heute in der Lage, binnen weniger Tage eine Marketingaktion mit neuen, durchkalkulierten Kundenangeboten zu starten.

6.6.6.3 Senkung der DV-Betriebskosten

Mit der neuen Rechnerplattform wurden die DV-Betriebskosten um ein Drittel reduziert.

6.6.6.4 Mehr Kundennähe

Das Data Warehouse liefert jederzeit aktuelle Informationen über sämtliche Bestandsdaten, Vertragsbuchungen und Vertriebsaktivitäten. Mit der Analyse der Kundendaten kann das Unternehmen auf Veränderungen im Kundenverhalten adäquat reagieren. Der Kundendienst profitiert davon und damit auch der Kunde: Anfragen können schneller und mit gezielten individuellen Angeboten beantwortet werden, Beratungen lassen sich effizienter durchführen.

6.6.7 Fazit

Die R+V Versicherung ist ein vielschichtiges Unternehmen mit vielen Eigenheiten und Interessen. Ein gemeinsames Verständnis für Datenstrukturen und -inhalte zu finden, war schwierig. Ohne den zu Beginn des Projektes herbeigeführten „politischen Konsens" der Fachbereiche wäre der Erfolg in so kurzer Zeit nicht erzielt worden. Vom Design bis zur Umsetzung waren die Endanwender stets einbezogen. Die größte Herausforderung war dabei die Koordination der unterschiedlichen Fachinteressen.

Prämierte Lösung

Als erstes europäisches Unternehmen erhielt die R+V Versicherung 1996 den „Best Practice Award" vom US-amerikanischen Data Warehousing Institute in der Klasse „Wichtige Applikationen/OLAP". Die Jury der international arbeitenden Non-Profit-Organisation verleiht alljährlich Preise für die international klassenbesten Data-Warehouse-Lösungen.

6.7 Links und Literatur

http://www.nulook.uneb.edu/whatis/nulook/contents.html
Definition eines Data Warehouse, Aufbau, Investitionen, Erfolgsfaktoren, mit vielen praktischen Hinweisen

http://www.dwo.bull.dwtechtc.html
Definition eines Data Warehouse, Aufbau, Investitionen, Erfolgsfaktoren, mit vielen praktischen Hinweisen

Gluchowski, P. / R. Gabriel / P. Chamoni: *Management Support Systeme. Computergestützte Informationssysteme für Führungskräfte und Entscheidungsträger.* Springer-Verlag 1997

Inmon, W. H.: *Building the Data Warehouse.* John Wiley & Sons 1996

Mattison, R.: *Data Warehousing. Strategies, Technologies and Techniques*. Mac Graw-Hill 1996

Mucksch, H. / J. Holthuis / M. Reiser: „Das Data-Warehouse-Konzept - ein Überblick." *Wirtschaftsinformatik* Nr. 38/96, Seite 421 - 433

7 Geschäftsprozeßmodellierung für die Verbesserung betrieblicher Abläufe

7.1 Begriffe

Geschäftsprozeßmodellierung (GPM)

GPM ist die Management-Disziplin zur permanenten Verbesserung der Geschäftsabläufe.

Verfahren zum Analysieren und Darstellen sämtlicher an der Wertschöpfung eines Unternehmens beteiligten Abläufe mit ihren Tätigkeiten, Ressourcen, Schnittstellen, Störgrößen, verwendeten Hilfsmitteln, Wechselbeziehungen und Ergebnissen. Unternehmensabläufe werden hierarchisch, aufgabenbezogen und mit ihren Beziehungen zueinander dargestellt. Die Analyse der Abläufe mündet in ein Prozeßmodell, welches als ganzheitliches Abbild der Unternehmensabläufe die Grundlage für die Neu- oder Umgestaltung der Organisationsstrukturen (Business Process Design/Redesign) bildet.

In diesem Sinne unterstützt GPM ein integriertes Management-System zur permanenten Verbesserung der Geschäftsabläufe. Das Prozeßmodell liefert darüber hinaus eine gesicherte Basis für verschiedenste Projekte.

Prozeßmodelle werden zur besseren Übersicht hierarchisch gegliedert. Gliederungsebenen sind:

Geschäftsprozeß (GP)
bezeichnet eine Kette von Vorgängen, die zur Abwicklung eines Geschäftsvorfalls zu durchlaufen ist (Prozeßkette). Geschäftsvorfälle sind beispielsweise die Abwicklung eines Kundenauftrags, einer Einkaufsbestellung oder eines Produktionsauftrags. Insofern verkörpert der Geschäftsprozeß die höchste Hierarchieebene im Prozeßmodell.

Hauptprozeß
bezeichnet eine Teilkette eines Geschäftsprozesses und dient als zweite Hierarchieebene in der Gliederung von

Geschäftsprozessen. Beispiele dafür sind Angebotserstellung, Teileentwicklung, Teileherstellung oder Reklamationsbearbeitung.

Prozeß
Prozesse stellen die unterste Ebene im Prozeßmodell dar. Sie werden im Rahmen der Prozeßmodellierung nicht weiter zerlegt. Ihre Beschreibung erfolgt analog dem elektrischen Regelkreis: Jeder Prozeß liefert ein konkretes Ergebnis, das über eine Schnittstelle an den nachfolgenden Prozeß weitergegeben wird. Ein Prozeß hat immer eine definierte Eingabe, einen definierten Wertzuwachs und eine definierte Ausgabe. Prozesse sind zum Beispiel Prototyp bauen, Prototyp testen, Teil freigeben. Die textuelle Beschreibung erfolgt auf dieser Ebene (siehe Abbildung Seite 146).

7.2 Ingenieurmäßiger Entwurf der Ablauforganisation als Grundlage für prozeßorientierte Organisationsformen

7.2.1 Basis für eine verbesserte Ablauforganisation: Ist oder Soll?

Grundsätzlich gibt es für die Prozeßmodellierung zwei Herangehensweisen: Analyse und Abbildung des Istzustandes oder Analyse und Modellierung des Sollzustandes auf der Basis definierter Ziele.

Die Analyse des Istzustands fördert Schwachstellen und Redundanzen in den vorhandenen Abläufen zutage. Insofern kann sie Aufschluß über mögliche oder notwendige Maßnahmen für ihre Verbesserung geben. Erreichbar ist mit diesem Vorgehen eine Zeiteinsparung und das Entfernen überflüssiger Tätigkeiten. Allerdings bleiben die Unternehmensstrukturen weitestgehend unangetastet. Ein Bei-

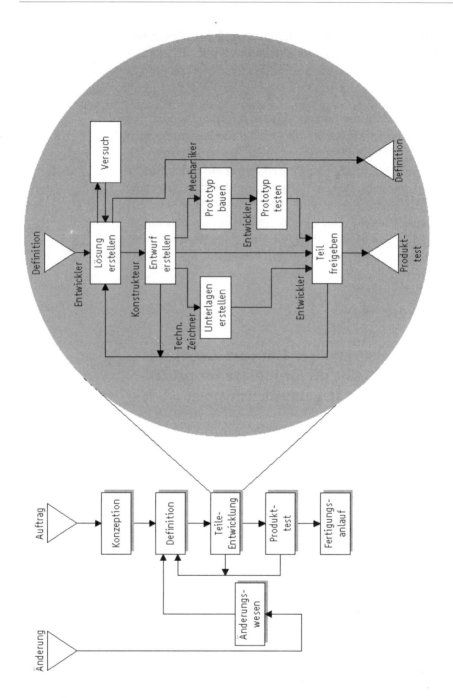

Die Struktur von Prozessen

spiel hierfür sind Behörden, deren Abläufe vorgegeben sind. Um dort beispielsweise Workflows zu realisieren, sind die Analyse und ein Abbild (ein Modell) der Ist-Abläufe unverzichtbar.

In den Unternehmen der freien Wirtschaft besteht der Zwang zu starren Strukturen nicht von außen, allenfalls von innen. Es gibt keinen einleuchtenden Grund dafür, den Istzustand akribisch zu analysieren, wenn es um das Realisieren neuer Leistungen geht. Alles spricht dafür, von Anfang an den ergebnisorientierten Sollzustand zu entwerfen. Während ein Abbild des Istzustandes die vorhandene Organisationsstruktur berücksichtigt, kann sich mit der Modellierung des Sollzustandes eine völlig veränderte Struktur des Unternehmens ergeben. Für neue Produkte oder Leistungen sowie für Organisationsveränderungen kann das lebensnotwendig sein.

Mit der Modellierung des Sollzustandes lassen sich konkrete Ziele verwirklichen.

Ein Beispiel: Betreiber von Mobilfunknetzen in Deutschland können sich im Bereich der Sprachdienste im Wettbewerb nur über den Service am Kunden behaupten. Ziel eines Betreibers war das garantierte Freischalten der Nummer eines verkauften Handys innerhalb von fünfzehn Minuten. Für dieses Ziel war es notwendig, vom Sollzustand auszugehen und die Geschäftsprozesse konsequent daran auszurichten. Es war klar, daß das Ziel nur mit neuen, anderen Abläufen im Unternehmen zu erreichen war.

Ob das Ist oder das Soll den Ausgangspunkt für das Schaffen eines Prozeßmodells bildet, hängt von der Unternehmensstrategie und den Unternehmenszielen ab - und, damit verbunden, natürlich auch von den kulturellen Denkweisen, von der Philosophie des Unternehmens.

7.2.2 Prozesse ingenieurmäßig modellieren - eine Methode

Die Entwicklung eines Prozeßmodells, das sich entsprechend aktueller Anforderungen ohne großen Aufwand verändern und erweitern läßt, setzt ein methodisches und tech-

In Prozeßmodelle lassen sich Veränderungen leicht einfügen.

nisch unterstütztes Vorgehen voraus. Im Folgenden beschreiben wir eine solche Methode, die sich in zahlreichen Projekten bewährt hat.

Ein Prozeßmodell beschreibt
- die Abläufe einer Organisation
- die Verflechtung und Zusammenarbeit von Abteilungen
- die Ergebnisse von Prozessen
- den Einsatz und das Profil von Mitarbeitern
- notwendige DV-Funktionen und andere technische Hilfsmittel.

Alle Prozesse aus den verschiedenen Unternehmensbereichen, von der Konstruktion und Entwicklung über Materialwirtschaft, Fertigung und Verkauf bis hin zum Service, lassen sich nach dieser einheitlichen Methodik modellieren und beschreiben.

Wir verstehen unter einem Prozeß beziehungsweise einer Prozeßkette die Summe aller Tätigkeiten, die zur Erstellung einer Unternehmensleistung durchgeführt werden müssen: in der notwendigen Reihenfolge, mit ihren gegenseitigen Abhängigkeiten, vollständig vom Anfang bis zum Ende der Prozeßkette und über alle beteiligten Abteilungen und Stellen hinweg. Alle Prozesse bestehen aus logisch aufeinanderfolgenden Tätigkeiten mit definierten Eingaben, einer Verarbeitung innerhalb der Prozesse und definierter Ausgaben (Ergebnis).

Das ingenieurmäßige Prozeßmodell folgt den Prinzipien elektrischer Regelkreise.

Für jeden Prozeß werden nach dem Prinzip des Regelkreises folgende Aspekte herausgearbeitet (siehe Abbildung Seite 149):
- Für jeden Prozeß ist ein **Impuls** als Anstoß notwendig. Das kann entweder ein zeitliches Ereignis sein, wie ein Datum oder eine Uhrzeit, oder ein logisches, wie „Vorgängerprozeß ist abgeschlossen", „Telefonat/Fax kommt an" oder „Bestellung geht ein".

Geschäftsprozeßmodellierung

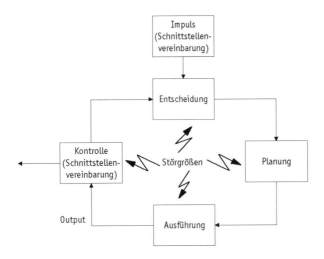

Regelkreismodell für die Beschreibung von Prozessen

- Die **Entscheidung**, die den Impuls als Anfangsbedingung einbezieht, bestimmt den Start des Prozesses.
- Die **Planung** des Prozesses bereitet seine Ausführung vor.
- In der **Ausführung** entsteht das Ergebnis des Prozesses. Hier sind alle dafür notwendigen Tätigkeiten unter Verwendung verschiedener Hilfsmittel beschrieben. Vorausgesetzt wird die Selbstkontrolle des Ausführenden.
- In der **Kontrolle** wird das Ergebnis gemessen. Dieser Soll-Ist-Vergleich der tatsächlichen Ergebnisse mit vorgegebenen Abschlußbedingungen wird in den Schnittstellenvereinbarungen nicht explizit beschrieben, sondern als grundlegendes Prinzip implizit vorausgesetzt.
- Jedem einzelnen Element ist ein **Ausführender** zugeordnet. Hier wird in der Regel nicht eine Stellenbezeichnung oder ein Stelleninhaber benannt, sondern eine betriebswirtschaftliche Rolle ausgewiesen. Es bleibt somit zunächst offen, ob dieser Elementarprozeß zum Beispiel von einer Person mit einer Halbtagsstelle oder von meh-

reren Personen bearbeitet werden muß. Aus den Rollen ergeben sich die erforderlichen Mitarbeiterprofile im Unternehmen. Gleichzeitig wird die Ausführung von der Person des Ausführenden losgelöst. So entsteht ein objektives Abbild der Aufgabe, unabhängig von der ausführenden Person.

- Die **Schnittstellenvereinbarung** stellt die Verbindung beziehungsweise die Beziehungen zwischen zwei Prozessen her. Die Bedeutung der Prozesse ist wie Kunde und Lieferant zu sehen. In der Schnittstellenvereinbarung wird festgehalten, welche Ergebnisse in welcher Qualität der Lieferant (-enprozeß) dem Kunden (-prozeß) zu liefern hat (Prozeßoutput). Somit sind die Kriterien für den Umfang und die Qualität der Ergebnisse gleichzeitig die Abschlußkriterien für den Lieferantenprozeß.

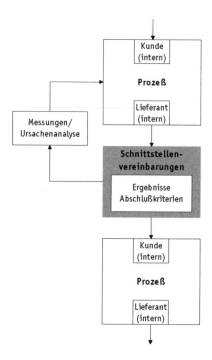

Schnittstellenvereinbarung als Verbindung zwischen aufeinanderfolgenden Prozessen

7.2.3 Ergebnisse der Prozeßmodellierung

Das Ergebnis der Prozeßmodellierung besteht aus zwei Teilen:
1. Die Dokumentation spiegelt die hierarchische Prozeßgliederung übersichtlich wider. Komplexe Sachverhalte werden sehr schnell klar. Grafiken unterstützen die verbale Beschreibung zusätzlich. So vermittelt das Modell jedem einzelnen Mitarbeiter das Wissen darüber, wie er seine Geschäftsvorfälle behandeln muß und wie sie mit anderen zusammenhängen.

Als Ergebnis der Modellierung entstehen eine Dokumentation des Prozeßmodells und seine Abbildung in einer Datenbank.

2. Eine Datenbank verwaltet das Prozeßmodell. Damit ist seine kontinuierliche Pflege möglich: neue Abläufe hinzufügen, alte Abläufe korrigieren oder ganz streichen. Aus der Prozeßdatenbank lassen sich außerdem je nach Anforderung unterschiedliche Auswertungen und Berichte erstellen. Wesentlich für die Akzeptanz dieser Berichte sind eine kompakte Darstellung, Übersichtlichkeit und leichte Lesbarkeit. Ein Beispiel dafür sind Stellenbeschreibungen.

Da im Prozeßmodell alle Abläufe komplett gestaltet und dokumentiert sind, ist für die Realisierung anderer Managementprojekte nur ein geringer Zusatzaufwand notwendig, etwa für die Zertifizierung nach DIN EN ISO 9000ff oder für die Einführung eines Umweltmanagementsystems (siehe Abbildung Seite 152).

Das Prozeßmodell liefert die Basis für verschiedene Managementprojekte.

7.2.4 Das komplette Unternehmen läßt sich nicht in einem Schritt verändern

Die meisten Trends der Vergangenheit, welche das ganze Unternehmen in einem einzigen Schritt verändern sollten, konnten sich nicht durchsetzen - beispielsweise CIM (Computer Integrated Manufacturing).

Prozeßmodell - Grundlage für verschiedene Aufgabenstellungen

Dafür gibt es mehrere Gründe:

<small>Totalitäre Ansätze scheitern meistens, weil ihre Umsetzung zu lange dauert und globale Ziele leicht verwässern.</small>

- Die Projekte dauerten zu lange - nach ihrer Fertigstellung sind die Ergebnisse bereits wieder veraltet oder die Organisationsstruktur hat sich mittlerweile so stark verändert, daß die Lösungen nicht mehr hineinpassen.
- Die Ziele solcher Großprojekte ließen sich nur global formulieren, nicht konkret. Damit waren sie nicht quantifizierbar und „verwässerten".
- Klassische Reengineering-Projekte konnten nur eine spürbare Erhöhung des Eigennutzens für das Unternehmen (Produktivität) erreichen, die Erhöhung des Kundennutzens dagegen blieb gering.

Nach diesen Erfahrungen weiß man, daß die Taktik der kleinen, aber meßbaren Schritte weit erfolgreicher ist. Die Aufgabenstellung ist bei jedem Schritt konkret, die Lösung in relativ kurzer Zeit realisierbar, der Erfolg exakt meßbar. Die Kräfte konzentrieren sich auf die aktuellen Probleme in bestimmten Geschäftsbereichen.

7.3 Fazit: Geschäftsprozeßmodellierung ist die Basis für viele Projekte

> Nur wer die Verbesserungsmöglichkeiten der einzelnen Arbeitsabläufe erkennt, kann klare Konsequenzen für die organisatorische Gestaltung von Prozessen und letztlich des gesamten Unternehmens ziehen. Dazu gehört auch die Anpassung der Arbeits- und Denkweisen und die Bereitschaft, die Unternehmenskultur und -strategie den Erfordernissen entsprechend aktiv zu verändern.

7.3.1 Potentiale für rationellere Prozeßabwicklung erkennen

Die Prozeßmodellierung ist eine pragmatische, praxistaugliche Methode für die Gestaltung und Entwicklung der Unternehmensprozesse. Ein idealer Prozeß ist dabei gekennzeichnet durch hohen Eigennutzen und hohen Kundennutzen. Mit Reengineering lassen sich ideale Prozesse kaum gestalten, weil hier alte Zustände zugrunde gelegt werden. Die Lösung heißt „Prozeßdesign" mit modernen Methoden der Prozeßmodellierung.

Hoher Eigennutzen und hoher Kundennutzen kennzeichnen einen „idealen" Prozeß.

Mit ihr werden die Abläufe im Unternehmen klar und deutlich und vor allem konsequent auf konkrete Zielsetzungen ausgerichtet. Auf dieser Grundlage lassen sich die notwendigen Maßnahmen für die praktische Realisierung der Ziele mit adäquaten Abläufen ableiten. Dazu zählen auch Entscheidungen zum wirtschaftlichen Einsatz von IuK-Technik, die als wirkungsvolles Mittel zur unternehmerischen Zielerreichung verstanden wird.

Ohne das Abbild der Prozesse und ihrer Zusammenhänge ist der Start von Projekten zum Einsatz von Workflow-/Groupware-Systemen, zum Gestalten einer objektorientierten DV-Architektur für die Integration alter und neuer Anwendungen oder zur Konzeption und Einführung von Data Warehouses zumeist hinausgeworfenes Geld. Schließlich kann eine neue moderne Technologie ihr Potential erst dann erschließen, wenn ihr Einsatz den Zielen im Unternehmen entspricht. Dazu müssen die für das Erreichen der Ziele erforderlichen Abläufe exakt ermittelt und für alle Beteiligten klar und deutlich dargestellt sein.

Unternehmensentwicklung ist zu verstehen als synchrone Weiterentwicklung der technischen Infrastruktur (DV-Systeme), der Abläufe und der Qualifikation aller beteiligten Mitarbeiter bezüglich neuer Arbeitsinhalte, vernetzter Abläufe und dem Einsatz neuer DV-Werkzeuge.

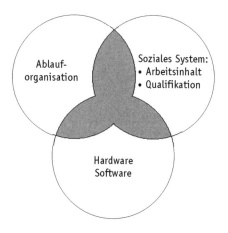

Aspekte der Unternehmensentwicklung

Sehr zu begrüßen sind die neuesten Entwicklungen integrierter Informationssysteme in bezug auf Workflow-Orientierung und die Unterstützung der Unternehmensprozesse. Einige Systeme verfügen bereits über Werkzeuge zur Modellierung und Dokumentation der Unternehmensprozesse. Diese Werkzeuge erhöhen die Transparenz zukünftiger Abläufe und beschleunigen damit die Einführung neuer Abläufe wesentlich. Referenzmodelle zeigen die Einsatzmöglichkeiten der Standardsoftware branchenspezifisch auf und bilden eine Vorlage, die sich anschließend individuell verändern und anpassen läßt.

Durch die Integration von Softwarefunktionen bieten diese Werkzeuge eine Benutzeroberfläche, mit deren Hilfe der Anwender durch Anklicken der ihn betreffenden Prozesse direkt zu seinen Masken und Funktionen im Softwaresystem gelangt. Auch Parametereinstellungen und Benutzerprofile lassen sich aus dem Prozeßmodell automatisch generieren. Dies reduziert den Aufwand für Einführung, Schulung und Verwaltung umfangreicher Standardsysteme erheblich.

7.3.2 Höhere Wirtschaftlichkeit beim Erreichen von Zielen

Mit der Prozeßmodellierung läßt sich höhere Wirtschaftlichkeit erzielen durch

- Erkennen und Vermeiden von Blindleistungen
- Erkennen und Vermeiden redundanter Arbeiten
- Verkürzen der Vorgangsketten
- Reduzieren von Gemeinkosten in Koordination, Kontrolle und Rückkopplung
- Vermeiden von Qualitätsmängeln, Fehlern, Terminverschiebungen und Kostenüberschreitungen.

Diese Effekte erhöhen nicht nur den Eigennutzen des Unternehmens, sondern sie wirken sich auch direkt auf die Kundenbeziehungen aus. Schließlich erbringt jedes Unternehmen seine Leistungen für seine Kunden. Je besser und schneller sie bedient werden können, desto erfolgreicher wird das Unternehmen sein. Das ist für beide Seiten wichtig und die Grundlage für Stabilität und Wachstum.

7.4 Fallbeispiel Prozeßmodellierung in der Konstruktion

7.4.1 Steckbrief

In einem Unternehmen des Sondermaschinenbaus wurde ein Produktdaten-Management-System (PDM-System) eingeführt. Das PDM-System unterstützt hauptsächlich die Konstruktions- und Entwicklungsprozesse sowie die Dokumentation kundenindividuell konfigurierter Maschinen. Mit der PDM-Einführung wurden die Prozesse grundlegend reorganisiert. Ziel war dabei, den Auftragsdurchlauf wesentlich zu beschleunigen und die Qualität signifikant zu verbessern. Die Prozeßmodellierung war dazu der erste Schritt und bildete die Grundlage für alle nachfolgenden Einführungsaktivitäten.

Benefits

- Beschleunigung des Auftragsdurchlaufs durch effizientere Arbeitsweisen in der Konstruktion und Entwicklung
- Größere Transparenz in den Entwicklungsprojekten
- Verbesserung des Qualitätsmanagementsystems
- Schnelle und zielgerichtete Einführung der PDM-Standardsoftware
- Effiziente Schulung der Mitarbeiter

Entwicklungszeitraum

Prozeßmodellierung als Basis des Einführungsprojekts: 3 Monate

Werkzeuge/Standardsoftware

Engineering Database (CADIM-EDB), Oracle-DB, Condat-Prozeßdatenbank (ACCESS)

7.4.2 Ausgangssituation

Ein mittelständisches Maschinenbauunternehmen mit ca. 500 Mitarbeitern produziert hochkomplexe Maschinen zur automatischen Belegverarbeitung. Technische Spitzenleistungen in der Mechanik, Elektronik und Software erzielen die hohe Präzision und Verarbeitungsgeschwindigkeit dieser Maschinen, die weltweit verkauft werden und auf die speziellen Anforderungen der einzelnen Länder zu adaptieren sind. Ihre hohe Lebensdauer (bis zu 20 Jahre) erfordert regelmäßigen Service und bei Bedarf die Nachrüstung zusätzlicher Funktionen oder technischer Innovationen. Das stellt hohe Anforderungen an die Konstruktion und Entwicklung sowie an die Dokumentation jeder einzelnen Maschine.

Die Dokumentation der Maschinen ist sehr umfangreich. Zu den Produktdaten gehören die Stammdaten für Artikel und deren Strukturen ebenso wie die artikelbezogenen Unterlagen, beispielsweise Zeichnungen, Berechnungen, Skizzen, Beschreibungen, Prüfvorschriften sowie Bedienungs- und Wartungshandbücher. Diese Dokumente sind nicht statisch, sondern müssen den Veränderungen und der Weiterentwicklung der Maschinen folgen.

Für die zentrale Dokumentation und Verwaltung von Produktdaten kommen zunehmend integrierte PDM-Systeme zum Einsatz. Da Produktdaten in vielen Unternehmensbereichen benötigt werden, ist der Integrationsbedarf zwischen PDM- und PPS-Systemen besonders hoch.

Wie häufig in High-Tech-Unternehmen, war auch hier der Konstruktions- und Entwicklungsbereich eher von kreativem Individualismus der einzelnen Konstrukteure als von straffer Organisation und offener Kommunikation geprägt. Für die erfolgreiche Einführung eines PDM-Systems und zum nachhaltigen Erreichen der damit angestrebten Verbesserungen waren erhebliche Veränderungen der Arbeitsabläufe erforderlich.

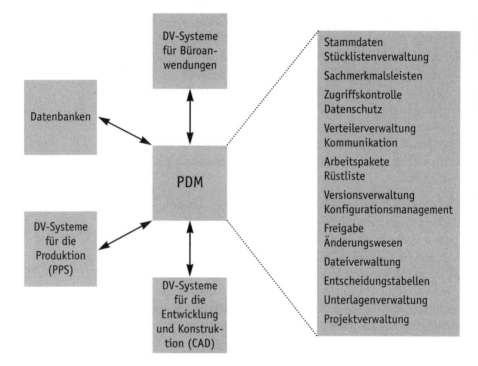

Funktionalität und Integration eines PDM-Systems mit anderen DV-Systemen

7.4.3 Die technologische Basis

Die neuen Arbeitsabläufe mußten systematisch und unter Berücksichtigung möglichst vieler Einflußfaktoren erarbeitet werden. Hierfür wurde die Prozeßmodellierung als geeignete Methode eingesetzt.

Im Rahmen der Prozeßmodellierung entsteht eine erhebliche Menge von Daten, die mit ihren vielfältigen Abhängigkeiten konsistent zu verwalten sind. Für unterschiedliche Zwecke müssen die Prozeßmodelldaten in Form von Berichten und Auswertungen aufbereitet werden. Dabei spielen Übersichtlichkeit und leichte Lesbarkeit eine wesentliche Rolle.

7.4.4 Vorgehensweise

In Workshops wurden die Daten und Prozesse gemeinsam mit Vertretern aller betroffenen Abteilungen erarbeitet. Im Laufe des Projektes wurden die Prozeßketten festgelegt, die Prozesse bestimmt und beschrieben. Außerdem wurden die notwendigen DV-Funktionen aufgenommen. Aus den Funktionsbeschreibungen ergab sich dann das Einsatzkonzept des PDM-Systems. Sein Datenmodell und seine Standardfunktionen wurden auf ihre Tauglichkeit untersucht und notwendige Anpassungen und Erweiterungen spezifiziert.

In den oft heftigen Diskussionen um alte Gewohnheiten und vermeintliche Sachzwänge bildete das Prozeßmodell immer wieder die Basis für eine sachlich fundierte und neutrale Beurteilung von Änderungsvorschlägen. Emotionen und Konfliktpotentiale ließen sich damit auffangen und auf die Ebene der Sachdiskussion zurückführen. Trotz vieler Kontroversen fanden die Arbeitsgruppen zu einer zielgerichteten Arbeitsweise.

Das konsequente methodische Vorgehen half entscheidend, die Komplexität beherrschbar zu machen. Die Themen ließen sich einzeln erarbeiten und dokumentieren, ohne gleichzeitig des gesamte Unternehmen behandeln zu müssen.

7.4.4.1 Auswahl der DV-Funktionen

Wie bei den organisatorischen Abläufen, bestand häufig auch Unklarheit über die DV-Funktionen, die ein PDM-System zur Unterstützung der täglichen Arbeit bieten muß. Hier läßt sich nur durch die Analyse der Tätigkeiten feststellen, in welchen Prozessen DV-Unterstützung notwendig und sinnvoll ist. Dementsprechend wurden im Prozeßmodell jedem Prozeß die erforderlichen PDM-Funktionen zugeordnet. Mit dieser Zuordnung entstand das individuelle Einsatzkonzept des PDM-Systems im Unternehmen. Darin sind die benötigten Funktionen dokumentiert: ihr Einsatz und ihr Beitrag, den sie zu den einzelnen Tätigkeiten leisten.

Die Liste aller notwendigen PDM-Funktionen ist aus dem Prozeßmodell generierbar. Sie bildete das Pflichtenheft, das geeignet ist, im Rahmen einer Systemauswahl verschiedene PDM-Systeme zu überprüfen und zu bewerten. Im Prozeßmodell wurden die Ergebnisse der Analyse verschiedener PDM-Systeme gegenübergestellt, und der erforderliche Anpassungs- und Änderungsbedarf für jedes einzelne PDM-System wurde ersichtlich. Damit entstand eine Entscheidungsgrundlage zur Auswahl und Einführung des PDM-Systems.

Nach der Auswahl eines geeigneten PDM-System lieferte das Prozeßmodell alle Informationen über erforderliche Anpassungen, Änderungen und Erweiterungen - zum Beispiel Anpassung der in Dialog-Menüs und Eingabemasken verwendeten Ausdrücke an unternehmensübliche Terminologie, fehlende Datenelemente oder ungenügende DV-Funktionen.

Vor der Einführung des PDM-Systems war es notwendig, die offenen Fragen zum Datenmodell zu klären, zum Beispiel: Welche Unterlagentypen gibt es, und wie kann man sie vereinheitlichen beziehungsweise klassifizieren? Welche Zustände kann eine Unterlage haben, und wie sind die Übergangsbedingungen von einem Zustand zum nächsten definiert? Zur Beantwortung solcher Fragen trägt das Prozeßmodell mit seinen Referenzen zum Datenmodell bei.

Die Zuständigkeit für die Pflege der einzelnen Datenelemente wirft immer wieder Probleme auf. Da im Prozeßmodell die schreibenden oder lesenden Datenzugriffe zu jedem Prozeß festgehalten sind, läßt sich ganz klar definieren, wer ein Datenelement anlegt und wer es gegebenenfalls später verändert oder löscht. Entsprechende Berichte erlauben Auswertungen über die Entstehung und Verwendung von Datenelementen aus Sicht der Prozesse, der DV-Funktionen und der Mitarbeiter.

7.4.4.2 Identifikation kritischer Abläufe

Beispielhaft für den Beitrag des Prozeßmodells zur Verbesserung der Arbeitsabläufe sei das Problemfeld „Embargoteile" genannt. Aufgrund des hohen Elektronikanteils in den Maschinen besteht die Gefahr, daß eine Maschine Teile enthält, die für das betreffende Land, in das die Maschine exportiert werden soll, auf der Embargoliste stehen. Es war organisatorisch sicherzustellen, daß solche Teile möglichst früh im Entwicklungsprozeß erkannt und durch andere „Nicht-Embargo"-Teile ersetzt werden. Spätestens vor der Auslieferung der Maschine ist dann nochmals eine Embargo-Prüfung durchzuführen.

Da die Prozesse im Prozeßmodell beschrieben waren, konnten die Stellen im Produktentwicklungsprozeß, an denen Embargo-Prüfungen sinnvoll sind, schnell identifiziert werden. Die Prozeßbeschreibungen sowie die zugehörigen DV-Funktionen und Daten an diesen Stellen wurden um die Embargo-Prüfung ergänzt und die Änderungen allen beteiligten Mitarbeitern mitgeteilt.

Das Embargo-Problem konnte schnell und umfassend gelöst werden, da im Prozeßmodell eine vollständige Dokumentation der Prozesse vorlag, die mit allen Beteiligten abgestimmt war und nicht kontrovers diskutiert wurde.

7.4.4.3 Planung von Personaleinsatz und -qualifizierung

Viel Verdruß entsteht häufig durch Spekulationen über sich ändernde Arbeitsinhalte, Verschiebungen von Zuständigkeiten und personelle Veränderungen beim Einsatz neuer Informationssysteme. Diesen Spekulationen wurde mit Hilfe der Prozeßmodellierung durch eine klare Beschreibung der zukünftigen Arbeitsabläufe und ihrer Konsequenzen entgegengetreten. Das Prozeßmodell bildete so die Grundlage für einen sachlichen und konstruktiven Dialog mit allen Beteiligten. Es zeigt, welche Stelle welche Tätigkeiten veranlaßt, wer sie ausführt, wer sie kontrolliert und an wen die Ergebnisse weiterzuleiten sind.

Zu jeder Stelle entstand ein Profil mit ihren Tätigkeiten und Verantwortlichkeiten, den anzuwendenden DV-Funktionen und den Interaktionen mit anderen. Dieses Profil ist die Grundlage für die Ermittlung des Qualifizierungsbedarfs des einzelnen Mitarbeiters und für Schulungsmaßnahmen, die auf den Anwendungsfall zugeschnitten sind.

7.4.5 Benefits und Potentiale

7.4.5.1 Beschleunigung des Auftragsdurchlaufs

Die systematische Bearbeitung der Entwicklungsprozesse fördert an vielen Stellen ineffektive beziehungsweise redundante Abläufe oder unnötig hohe Komplexität ans Tageslicht. Blindleistungen ließen sich entfernen, Prozeßketten verkürzen und die Anzahl der Schnittstellen zwischen den verschiedenen Bearbeitern reduzieren.

7.4.5.2 Größere Transparenz in den Entwicklungsprojekten

Im Rahmen der Prozeßmodellierung wurden Projektphasen (Meilensteine), Projektstrukturen, Zustände von Dokumenten und Daten sowie die durchzuführenden Arbeitsschritte definiert und im PDM-System abgebildet. Damit läßt sich der Bearbeitungsstand von Entwicklungsprojekten aus dem PDM-System ermitteln und direkt zur Unterstützung des Projektmanagements verwenden.

7.4.5.3 Verbesserung des Qualitätsmanagementsystems (QM-System)

Die Beschreibungen der Prozesse im Prozeßmodell sind direkt als Verfahrensanweisungen innerhalb des QM-Systems des Unternehmens zu verwenden. Durch die Implementierung im PDM-System ist die Einhaltung dieser Verfahrensanweisungen in der betrieblichen Praxis abgesichert.

7.4.5.4 Schnelle und zielgerichtete Einführung der PDM-Standardsoftware

Dadurch, daß die organisatorischen Fragen und der DV-Einsatz im Rahmen der Prozeßmodellierung geklärt waren, wurde die Einführung des PDM-Systems nicht mehr durch organisatorische Unklarheiten und Diskussionen belastet.

7.4.5.5 Effiziente Schulung der Mitarbeiter

Das Prozeßmodell liefert für jede Stelle im Unternehmen ein spezifisches Aufgaben- und Tätigkeitsprofil sowie eine Liste der sie betreffenden DV-Funktionen und Daten. Auf dieser Grundlage können Mitarbeiterschulungen gezielt auf die konkreten Anforderungen und Bedürfnisse

zugeschnitten werden. Außerdem vermittelt das Prozeßmodell die Zusammenhänge der eigenen Aufgaben mit
denen anderer Stellen.

7.4.6 Fazit

Die Prozeßmodellierung hat sich in diesem Projekt als
hervorragendes Instrument zur Reorganisation komplexer
Unternehmensabläufe erwiesen. Die Prozeßsicht ist für
die Kommunikation der Fachabteilungen wesentlich besser geeignet als die traditionelle Sicht der Funktionen- und
Datenmodelle. Wichtig ist dabei, daß die Prozeßmodellierung im Projekt sehr früh und konsequent eingesetzt wird
und daß das Prozeßmodell „lebt". Das heißt, daß alle organisatorischen Änderungen im Prozeßmodell dokumentiert, besser noch aus dem Prozeßmodell heraus entwickelt
werden.

7.5 Literatur

Champy, J.: *Reengineering im Management.*
Campus 1995

Demmer / Gloger / Hoerner: *Erfolgreiche Reenginnering-
Praxis in Deutschland.* Metropolitan 1996

Hammer, M. / J. Champy: *Business Reengineering.*
Campus 1994

Hammer, M. / S. Stanton: *Die Reengineering-Revolution.*
Campus 1995

Koenigsmarck / C. Trenz: *Einführung von Business
Reengineering.* Campus 1996

8 Working Smarter

8.1 Wertewandel: Neue Arbeits- und Denkweisen

In den bisherigen Kapiteln wurde gezeigt, wie sich die Wertschöpfung in den Organisationen durch den Einsatz von Informations- und Kommunikationstechnik erhöhen läßt. Mit der Einführung dieser neuen Technologien ist häufig eine Veränderung der Organisationsstrukturen verbunden, in jedem Falle aber eine Veränderung der Arbeitsweisen und der Einstellungen. Umgekehrt lassen sich modernisierte Arbeitsweisen und Organisationsstrukturen häufig mit der alten DV- und Kommunikationstechnik nicht mehr ausreichend unterstützen und verlangen geradezu den Einsatz adäquater Technik.

Die wesentlichen Veränderungen heißen: von der Isolation zur Vernetzung, von der individuellen zur Teamleistung, von der Hierarchie zur Prozeßorganisation, von der Menge zur Qualität. Mit diesen Eigenschaften lassen sich sowohl Organisationen als auch DV- und Kommunikationssysteme beschreiben. Das ist kein Zufall, denn immer schon haben technische Systeme die Organisation abgebildet beziehungsweise unterstützt. Mit dem Wandel der Organisation geht deshalb logischerweise ein Wandel der unterstützenden Technik einher.

Wertewandel führt zum Wandel von Organisation und technischer Unterstützung und umgekehrt.

Alle organisatorischen und technischen Veränderungen wiederum nehmen Einfluß auf die Wertvorstellungen betrieblicher Arbeit. Bisher waren Information und Wissen auf einzelne Personen verteilt und daher auch Instrumente von Einfluß und Macht. Dagegen bietet die heute verfügbare IuK-Technik freien Zugang zum Wissen, DV-gestütztes Management der Informationsvielfalt und eine extrem hohe Kommunikationsfähigkeit. Technik stellt dabei lediglich unterstützende (Hilfs-)Mittel für die Kommunikation bereit. Die Kommunikation selbst jedoch findet immer zwischen Personen statt.

Technik kann menschliche Bereitschaft und Fähigkeit zur Kommunikation nicht ersetzen.

Deshalb ist die menschliche Fähigkeit und Bereitschaft zum Kommunizieren eine notwendige Voraussetzung für die Anpassungen an den Wandel der Wirtschaft und für den sinnvollen und effektiven Einsatz der Technik. Insofern ist ein Wertewandel angesagt: Diese Fähigkeiten werden wichtiger als das Wissen eines Individuums.

Das Internet beispielsweise ist ein Kind der Informationsgesellschaft. Als „Prototyp des globalen Datenhighways" stellt es ein bedeutendes Instrument für Wissensaneignung und Kommunikation dar, das Mitarbeitern weltweit, unternehmens- und positionsübergreifend zur Verfügung steht. „Mächtig" werden diejenigen Personen und Organisationen sein, welche die Fähigkeit besitzen, derartige Technik im wahrsten Sinne des Wortes zu nutzen: Nutzen aus ihr zu ziehen. Nachfolgend sind die Kriterien gegenübergestellt, welche den Wandel von Arbeits- und Denkweisen charakterisieren.

Isoliertes Arbeiten	→	Verteiltes Arbeiten
Mißtrauen	→	Vertrauen
Zentrale Organisation	→	Selbstorganisation
Fremdkontrolle	→	Selbstkontrolle
Isoliertes Arbeiten	→	Vernetztes Arbeiten
Individuelle Leistung	→	Teamleistung
Starre Linienstruktur	→	Flexible Netzstruktur
Vorgabe und Anweisung	→	Motivation
Arbeitszeitorientierung	→	Aufgabenorientierung
Hierarchie	→	Prozeßorganisation
Individuelles Wissen	→	Kommunikation
Mengenleistung	→	Qualitätsleistung

8.2 Flexibilisierung der Arbeitszeit

Die Flexibilisierung der Arbeitszeit wird seit Jahren unter verschiedenen Gesichtspunkten diskutiert. Wir verstehen darunter die Auflösung der strengen Vorgabe von Arbeitszeit und -ort. In der Diskussion stehen wechselweise volkswirtschaftliche, betriebswirtschaftliche, technische und persönliche Gesichtspunkte im Vordergrund. Diese Aspekte sind gleichermaßen bedeutend, wenn es um die Gestaltung neuer Arbeitszeitmodelle geht. Die Diskussion ist in vielen Arbeitsbereichen erst dadurch möglich geworden, daß IuK-Technik die Grundlage dafür liefert, orts- und tageszeitunabhängig arbeiten zu können.

Elektronische Medien sind immer betriebs- und funktionsbereit.

In den klassischen Werks- und Büroorganisationen bilden festgesetzte Betriebszeiten die Plattform für die individuelle Arbeit und sind eine notwendige Voraussetzung für ihre Organisation. Der Beschäftigte erbringt seine Arbeit ausschließlich im Betrieb. Dort befinden sich die erforderlichen Arbeitsmittel, dort hat er Zugang zu den Datenbeständen, den Archiven, dort sind alle Kollegen versammelt, mit denen die notwendige Kommunikation stattfinden kann. Die Arbeitszeit ist das Maß für die erbrachte Arbeit und für die Entlohnung.

Wird ein Geschäftsvorgang elektronisch in einem Netzwerk abgelegt und sind alle zur Bearbeitung erforderlichen Informationen elektronisch erreichbar, so ist es nicht mehr zwingend, diesen Vorgang an einem bestimmten Arbeitsplatz zu bearbeiten. Ähnlich verhält es sich mit der Tageszeit, zu der die Bearbeitung erfolgt. Elektronische Medien sind täglich 24 Stunden an 365 Tagen im Jahr betriebs- und funktionsbereit. Je stärker Arbeitsprozesse von Informationstechnologie durchdrungen werden, desto intensiver und konkreter kann über Flexibilisierung der Arbeitszeit nachgedacht werden.

Im Softwareentwicklungsgeschäft beispielsweise ist es heute schon üblich, daß zu beliebigen Tageszeiten an beliebigen Orten beliebige Arbeitsmengen erbracht werden.

Voraussetzungen dafür sind der Zugang vom Arbeitsplatz-Rechner zu den betreffenden Netzwerken und die Kenntnis der Arbeitsweisen der Netzwerke. Dabei spielt es keine Rolle, ob der Rechner zu Hause steht oder in einem Betrieb; es kann auch der Laptop sein, den ein Mitarbeiter „unterwegs" benutzt. Die geleistete Arbeitszeit läßt sich damit kaum noch formal kontrollieren.

Starre Zeitkorsetts hemmen die Entfaltung des kreativen Potentials der Mitarbeiter.

Pünktlichkeit und Fleiß, die Säulen alter deutscher Arbeitsmoral, sind als Maßstab für die Bewertung von Mitarbeitern obsolet. Was zählt, ist allein das Arbeitsergebnis. Das betrifft insbesondere die „kreativen" Mitarbeiter, zu denen wir alle schöpferisch arbeitenden Personen zählen, beispielsweise Beschäftigte in Entwicklungs- und Forschungsabteilungen, aber auch Konstrukteure oder Softwareentwickler. Bei ihnen geht es nicht vordergründig um die Auslastung von Maschinen und Anlagen wie etwa in der Produktion. Einen in der Entwicklungsabteilung beschäftigten Mitarbeiter zu einer festen täglichen Arbeitszeit zu zwingen, ist nicht notwendig und auch nicht sinnvoll. Er arbeitet dann am besten, wenn er sich körperlich und geistig fit fühlt. Warum sollte er also nicht selbst entscheiden können, wann er einen Arbeitstag beginnt und beendet? In ein starres Zeitkorsett gepreßt, können Mitarbeiter ihr kreatives Potential nicht optimal entfalten. Wir brauchen aber gerade dieses Potential. Also weg mit staubigen Stechuhren und her mit Arbeitszeitmodellen, die dem heutigen Anspruch an Arbeit gerecht werden.

Ein anderer Aspekt rührt aus einem Hauptmerkmal des Projektgeschäfts: Phasen extremer Arbeitsbelastung und relativer Ruhe wechseln sich ab. Wir erwarten von den Mitarbeitern, daß sie in jenen extremen Phasen bereit zu Überstunden sind. Es ist nicht einzusehen, warum sie in den ruhigeren Phasen dann nicht weniger arbeiten sollten. Ein Unternehmen, das auf hohes Engagement seiner Mitarbeiter setzt, sollte ihnen auch entgegenkommen, wenn es um ihre persönlichen Interessen und Neigungen geht. Insofern sind Arbeitszeitmodelle, die flexible tägliche Arbeitszeit einräumen, keine sozialen Geschenke an die Beschäftigten, sondern ein Ausdruck gegenseitigen Gebens und Nehmens. Damit läßt sich eine Vertrauensbasis aufbauen, die jedem nützt: Der „mündige" Mitarbeiter organisiert sich weitestgehend selbst, das Management kann sich stärker um seine eigentliche Aufgabe kümmern, nämlich das Geschäft strategisch und mit Phantasie zu steuern.

Arbeitszeitflexibilisierung birgt ein gewaltiges betriebswirtschaftliches Potential in sich, das in der folgenden Übersicht zusammengestellt ist.

→ Steigerung der Produktivität
→ Bessere Anpassung an Marktanforderungen
→ Steigerung der Reaktionsgeschwindigkeit
→ Mehr Verantwortung für die Mitarbeiter
→ Initiative und selbständiges Arbeiten
→ Steigerung der organisatorischen Flexibilität
→ Bessere Auslastung der Mitarbeiter
→ Erhöhung der Leistungsbereitschaft
→ Anpassung der persönlichen Kapazitäten an die Auftragssituation

8.3 Führung: Kontrolle ist gut, Vertrauen ist besser

In dem Maße, wie die Ressource Information durch technische Entwicklungen näher an den individuellen Arbeitsplatz rückt und die Kommunikation durch technische Entwicklungen Abteilungs- und geografische Grenzen sprengt, in dem Maße muß sich zwangsläufig auch die Führung von Mitarbeitern verändern.

Die Aufgaben der Mitarbeiter werden angereichert (empowerment) für eine effektivere, schnellere, kundennahe und kostengünstigere Abwicklung: mit Selbstverantwortung und Entscheidungskompetenz. Dafür benötigt der Mitarbeiter Informationen. Er erhält sie aus modernen DV- und Kommunikationssystemen.

Kontrolle ist kein entscheidendes Element von Führung.

An die Stelle der Kontrolle als Leitfaden der Führung tritt das Vertrauen in die richtige Arbeitserledigung. Führungskräfte sind heute kaum noch in der Lage, die fachliche Qualität der Arbeit zu bewerten. Dafür fehlt ihnen schlichtweg das spezielle Fachwissen. Damit soll nicht gesagt werden, daß Kontrolle überflüssig ist. Sie ist notwendig, um zu überprüfen, ob die Arbeitsergebnisse den vereinbarten Zielen und der Unternehmenspolitik entsprechen, aber sie ist kein entscheidendes Instrument der Führung mehr.

Das Prinzip „Vertrauen" entspricht auch dem neuen Trend im Qualitätsmanagement der Produktion, wonach es einen Übergang von der Produkt- zur Prozeßkontrolle gibt. Vertrauen ist dabei Grundlage der Prozeßkontrolle in menschlichen Arbeitsprozessen. Vertrauen, daß der Mitarbeiter die in seinem Aufgabenbereich anfallenden Entscheidungen im Sinne des Unternehmens treffen wird. Erst damit erhält der Mitarbeiter jenen Freiraum, der für unternehmerisches Denken und Handeln erforderlich ist. Und es erzeugt bei der Führungskraft jenen Freiraum, den sie zum strategischen Vorwärtsdenken benötigt.

Welche Rolle kommt nun der Führungskraft zu? Führen heißt Verantwortung tragen: für das Betriebsergebnis oder Teile davon und für die Mitarbeiter, die das Ergebnis erzeugen.

Führen heißt nicht (mehr), allen Mitarbeitern fachlich etwas vormachen zu können, sondern ihre Fähigkeiten, Erfahrungen, ihre Erfolge und Niederlagen hinsichtlich der Unternehmensstrategie zu verstehen und zu bewerten. Zusammen mit dem Verfolgen der Wandlungen des Marktes, liefern diese Erkenntnisse die Basis für eine realistische Geschäftsplanung und -entwicklung.

Führen heißt „aktiver Freund" sein, den Mitarbeiter nicht auf die Fachkraft zu reduzieren, sondern ihn in seiner ganzen Person kennenlernen, verstehen, ermutigen, begeistern, sein kreatives Potential herauslocken und ihm die Freiheit einräumen, seine Aufgaben auf seine Weise zu erfüllen, auch Fehler zu machen und daraus zu lernen. Die Basis dafür sind gegenseitige Achtung und gesunder Respekt.

Führen heißt, beim Verteilen neuer Aufgaben die persönlichen Interessen und Neigungen der Mitarbeiter nach Möglichkeit zu berücksichtigen. Spaß an der Arbeit ist ein wesentlicher Erfolgsfaktor, eine Triebfeder für persönliches Engagement und ein Kriterium für die Zufriedenheit.

Führen heißt, den Mitarbeitern den Gesamtzusammenhang ihrer Arbeit verständlich zu machen. Wenn sie die Bedeutung ihrer Aufgabe erkennen, deren Chancen und Risiken, so fällt es ihnen leichter, Verantwortung zu übernehmen. Auf diese Weise können sich auch unternehmensintern wechselseitige Kunde-Lieferant-Beziehungen entwickeln, von denen auch die Führungskräfte keineswegs ausgeschlossen sind.

Wechselseitige Kunde-Lieferant-Beziehungen sind auch unternehmensintern erforderlich.

Führen heißt, den Mitarbeitern zu vermitteln, daß sie das Potential für Verbesserungen der Abläufe besitzen, denn sie kennen sie am besten. Nützliche Vorschläge aufgreifen, prüfen, umsetzen und angemessen belohnen ist ebenso wichtig, wie das Einbeziehen der Mitarbeiter in das Planen und Verwirklichen von Ablaufänderungen. Als Beispiel dafür sei die Einführung eines BK-Systems genannt, mit intergrierten Workflows und Groupware-Funktionen. Dabei hängen von der Mitwirkung aller Betroffenen der Erfolg und die Akzeptanz von Veränderungen der Abläufe im Betrieb ab.

> Kommunikation und Kooperation sind die tragenden Säulen moderner Unternehmenskultur.

Führen heißt, Kommunikation und Kooperation zum wichtigsten Bestandteil der Unternehmenskultur zu machen und diese Kultur selbst vorzuleben. Kommunikation und Kooperation lassen sich nicht „verordnen", sie müssen entwickelt und gefördert werden und sich in kontinuierlichem Dialog weiterentwickeln.

8.4 Das Lernende Unternehmen

Unternehmen befinden sich in einem sprunghaften, turbulenten Umfeld. Stetige Verläufe von Produktlebenszyklen und Unternehmensentwicklung gehören der Vergangenheit an. Es gibt keine stabilen Umweltbedingungen mehr, die ein vollständiges Durchplanen aller betrieblichen Arbeitsprozesse ermöglichen. Die Vorhersagbarkeit von Veränderungen nimmt ab, und die Reaktionszeiten auf diese Veränderungen verkürzen sich. Die Veränderungsprozesse, die im Zuge von Anpassungen an den Markt erforderlich sind, betreffen das Unternehmen als Ganzes. Deshalb ist auch die Optimierung eines Einzelprozesses, zum Beispiel durch den Einsatz eines neuen DV-Systems, mit dem Blick auf das gesamte Unternehmen zu sehen und zu bewerten.

> Augenblickliche Produkte, Tätigkeiten, Kompetenzen und Positionen stehen permanent zur Disposition.

Das Unternehmen und seine Mitglieder müssen lernen, diese Veränderungen als immanentes und aktives, nicht passives, Element der Organisation und der betrieblichen Arbeit zu verstehen. Dies setzt das Bewußtsein voraus, daß die augenblicklichen Produkte, Tätigkeiten, Fertigkeiten, Kompetenzen und Positionen durch Marktveränderungen jederzeit in Frage gestellt werden können. Notwendig dafür sind Arbeitsformen, die den Mitarbeiter auf intelligente Weise dazu „zwingen", als Unternehmer im Unternehmen zu denken und zu handeln, sich gleichzeitig als Kunde und Lieferant gegenüber den anderen Mitarbeitern zu betrachten.

Arbeits- und Denkweisen drücken sich in der Unternehmensphilosophie und in der Unternehmenskultur aus. Sie erzeugen jene Strukturen, jenes Klima und jenes Verständnis von der eigenen Rolle im (freien) Spiel der Kräfte in der Organisation, in denen das Unternehmen als System lernen kann oder nicht. Das Lernende Unternehmen ist kein Wunderwerk und auch nicht per Order und mit Hilfe moderner DV-Systeme und globaler Netzwerke einzurichten, sondern einzig mit den frei denkenden, Verantwortung und Chancen wahrnehmenden Menschen im Unternehmen.

Das Unternehmen als System kann lernen, wenn jeder einzelne Mensch und jedes Team in diesem System einen Wissens- und Erfahrungszuwachs erfährt und dieses Wissen zusammen mit den Erfahrungen kommuniziert und auf das Gesamtsystem projiziert. Dabei darf das Lernen nicht an hierarchische Grenzen stoßen - jeder Mitarbeiter muß lernen dürfen und lernen müssen. Das Unternehmen als System kann nicht lernen, wenn Wissen und Ideen allein im Kopf des einzelnen bleiben oder in der „geschlossenen" Abteilung. Vielmehr muß es im gesamten System kommuniziert werden, um auch Konsequenzen daraus ziehen zu können. Flache Hierarchien sind eine Bedingung dafür.

Jeder Mitarbeiter darf und muß lernen und sein Wissen im gesamten Unternehmen kommunizieren.

Nur in einem Klima der Angstfreiheit, der Risikobereitschaft und des Rechts auf Fehler als Quelle neuen Wissens ist ein Lernendes Unternehmen realisierbar. Besser ein Risiko eingehen, Neues wagen, als - in alle Richtungen abgesichert - ausgetretene Wege zu gehen.

Das Lernende Unternehmen ist kein statischer Zustand, der - einmal erreicht - ewig währt. Es drückt vielmehr eine Philosophie aus, die Entwicklung ermöglicht und erfordert. Lernende Unternehmen können Sprünge schaffen, wo andere in Schritten weitermarschieren müssen.

Lernende Unternehmen können Sprünge schaffen, wo andere nur in Schritten marschieren.

Im Folgenden sind Merkmale Lernender Unternehmen zusammengefaßt.

> ➔ Es existieren flache oder keine Hierarchien.
> ➔ Jeder hat das Recht und die Pflicht zu lernen.
> ➔ Jeder kommuniziert sein Wissen unternehmensweit.
> ➔ Jeder ist Unternehmer im Unternehmen.
> ➔ Menschen arbeiten selbstorganisiert.
> ➔ Wissen und Erfahrungen führen zu Konsequenzen.
> ➔ Keiner muß Angst vor Fehlern haben.
> ➔ Fehler werden als Quelle neuen Wissens verstanden.
> ➔ Veränderung wird als Chance bewertet.
> ➔ Positionen sind permanent in Frage gestellt.
> ➔ Das Unternehmen lernt selbständig und als System.

8.5 Fazit

Verbesserungen sind nur durch die Kombination menschlicher, organisatorischer und technischer Aspekte erzielbar.

In diesem Kapitel wurde der Versuch unternommen, einige nicht-technische Aspekte zu analysieren und zu bewerten, die auch im Zuge des Einsatzes von IuK-Technik in Unternehmen zu berücksichtigen sind.

Jede Einführung neuer Technologie setzt Organisations- und Verhaltensänderungen voraus und schafft zugleich deren Voraussetzung. Nur wenn die technischen, organisatorischen und humanen Belange gleichwertig berücksichtigt werden, läßt sich ein optimales Ergebnis im Hinblick auf Kosten, Effizienz und Qualität erzielen.

In der technischen Diskussion wird häufig vernachlässigt, daß gerade in den nicht-technischen Aspekten der Unternehmensaktivitäten ein enormes Potential schlummert. Da Technik scheinbar einfach zu kaufen und einzuführen ist, wird das Hauptaugenmerk hierauf gerichtet. Hierbei wird allzu leicht vergessen, daß es immer um die Verbesserung und Unterstützung menschlicher Arbeitsleistung geht. Alles muß darauf gerichtet sein, das kreative Potential der menschlichen Arbeit zu erschließen.

Danksagung

Dies ist ein Buch von Praktikern. Es basiert auf der Erfahrung vieler IT-Beratungs- und Realisierungsprojekte der Firma Condat. Und so sind letztlich alle Mitarbeiter am Gelingen dieses Buches beteiligt gewesen. Besonderer Dank gilt hierbei Dr. Carsten Kindermann, Dr. Arne Leißner, Manfred Menne, Hans Nagel, Bernd Otto, Dr. Christof Peltason, Henning Rietz, Jürgen Spieler, Ronald Steinhau, Nicola Vieweg, Walfried Wagener und Gabriela Zimmermann.

Wir bedanken uns herzlich für die Lieferung interessanten Stoffes für unsere Fallbeispiele bei Harald Melcher und Martin Hüppe, Cornelsen Software, Berlin, Udo Sittig, Ministerium für Umwelt, Naturschutz und Raumordnung des Bundeslandes Brandenburg, Potsdam, Dr. Petra Strauch, Firma Digital, Berlin, Dieter Ehren, Senatsverwaltung für Stadtentwicklung, Umweltschutz und Technologie, Berlin, sowie bei Helmut Schönherr, R+V Versicherung, Wiesbaden.

Ebenso danken wir Karin Deuser, die Satz und Layout übernommen hat, und mit ihrem großen Engagement zum Gelingen dieses Buches beitrug.

Abkürzungsverzeichnis

ATM	Asynchronous Transfer Mode
CBT	Computer Based Training
CD	Compact Disk
CD-ROM	Compact Disk Read Only Memory
CIM	Computer Integrated Manufactoring
CORBA	Common Object Request Broker Architecture
DB	Datenbank
DV	Datenverarbeitung
EIS	Executive Information System
E-Mail	Electronic Mail
FTP	File Transfer Protocol
GIS	Geografisches Informationssystem
GPM	Geschäftsprozeßmodellierung
GPS	Global Positioning System
HTML	Hypertext Markup Language
HTTP	Hypertext Transfer Protocol
ISDN	Integrated Services Digital Network
IT	Informationstechnologie
IuK	Information und Kommunikation
LAN	Local Area Network
MIS	Management Information System
MS	Microsoft
OLAP	Online Analytical Processing

OLE	Object Linking and Embedding
PC	Personal Computer
PDM	Produktdaten-Management
POP	Point of Presence
PPS	Produktionsplanung und -steuerung
TCP/IP	Transmission Control Protocol/Internet Protocol
URL	Uniform Resource Locator
WWW	World Wide Web

Glossar

ACCESS: Software-Werkzeug der Firma Microsoft für die Entwicklung von Datenbank-Anwendungen.

ActiveX: Neue Bezeichnung für → *OLE*. Produkt von Microsoft für das Einbinden von Fremdprogrammen in → *Browser* und andere ActiveX-Container (→ *Visual Basic*, → *Excel* u.a.).

Adapter: Geräte- oder Programmkomponente, die den Anschluß von Geräten an den Computer oder eines Programmes an ein Software-System ermöglicht.

Applet: Programm, das im → *Browser* ablauffähig ist und über das → *Internet* geladen oder übertragen werden kann.

Application Sharing: Gemeinsame Nutzung eines Programmes von mehreren Personen zur selben Zeit (→ *synchrone Gruppenarbeit*).

asynchron: Zeitlich versetzt (→ *asynchrone Gruppenarbeit*)

asynchrone Gruppenarbeit: Zeitlich versetzte Zusammenarbeit der Mitglieder einer Gruppe. DV-gestützte Methoden sind zum Beispiel → *Computer Conferencing* oder → *E-Mail*.

ATM: → *Asynchronous Transfer Mode*

Asynchronous Transfer Mode (ATM): Übertragungstechnik (in der Regel leitungsgebunden), die eine große Anzahl digitaler Datenströme parallel auf einer einzelnen Leitung überträgt.

Baan IV: Betriebswirtschaftliche Standardsoftware der Firma Baan mit Schwerpunkt Produktion.

Barcode: Normierte Schriftzeichen eines maschinell erkennbaren Lesesymbols, das sich richtungs- und lageunabhängig lesen läßt. Jedes Zeichen besteht dabei aus einer Gruppe von Balken und Zwischenräumen.

Barcodeleser: Gerät, das → *Barcode* lesen kann.

Browser: Software zum Anzeigen und Navigieren im Informationsangebot des → *WWW*.

Business-Objekte: → *Objekte*, die wesentliche Elemente der Geschäftstätigkeit beinhalten und komplexe Abläufe repräsentieren (→ *Objektorientierung*).

Bündelfunk: Technik der mobilen Sprach- und Datenkommunikation über Frequenzbündel. Eine Verbindung nutzt jeweils kurzfristig eine Frequenz und gibt sie nach Beenden der Verbindung an das Bündel zurück.

C++: Programmiersprache für objektorientierte Programmierung (→ *Objektorientierung*) von Bjarne Stroustrup.

CBT: → *Computer Based Training*

CD-ROM (Compact Disk Read Only Memory): Optische Speicherplatte, die große Datenmengen enthalten kann. Die Daten stehen nur zum Lesen zur Verfügung, sie lassen sich nicht überschreiben oder löschen.

CIM: → *Computer Integrated Manufactoring*

Client/Server: Rechnerarchitektur, bei der mehrere Clients (Arbeitsplatzrechner) mit einem oder mehreren Servern (zentrale Rechner) verbunden sind. Dabei enthalten die Server Daten (Datenbanken) und Programme, die von den Clients (gleichzeitig) genutzt werden können.

Common Object Request Broker Architecture (CORBA): Internationaler Standard, welcher die notwendigen Schnittstellen für die Anbindung verschiedenster Hard- und Software-Plattformen an ein verteiltes objektorientiertes DV-System bereitstellt (→ *Objektorientierung*).

CompuServe: Weltweiter kommerzieller → *Online-Dienst* mit → *E-Mail*, aktuellen Informationen aus Politik und Wirtschaft, Diskussionsforen, → *Online*-Magazinen und Serviceangeboten von Unternehmen; bietet auch direkten Zugriff auf das Internet.

Computer Based Training (CBT): PC-gestützte Lernform, bei der Lernende mit einem Lernprogramm (CBT-Programm) arbeiten.

Computer Conferencing: PC-gestützte Kommunikationsform zur Unterstützung → *asynchroner Gruppenarbeit*. Die Gruppenmitglieder nutzen einen definierten Bereich auf einem Computer, vergleichbar mit einem „schwarzen Brett", um zeitunabhängig Informationen auszutauschen.

Computer Integrated Manufactoring (CIM): DV-Anwendungsbereich in der Industrie, welcher die Automatisierung von Konstruktion, Fertigungsplanung und -steuerung unterstützt.

Computergestütztes Lernen: → *Telelearning/Teleteaching*

Condat-Prozeßdatenbank: Software-Werkzeug der Firma Condat zum Abbilden von → *Geschäftsprozessen* auf Basis von → *ACCESS*.

Copy Management: DV-Verfahren, welches Datenbestände für ihre Weiterverwendung auf anderen Rechner-Plattformen umkopiert. Wird auch eingesetzt, um Zusammenhänge mit anderen Datenbeständen herzustellen.

CORBA: → *Common Object Request Broker Architecture*

D1/D2: Zellulare Mobilfunknetze in Deutschland zur digitalen Übertragung von Sprache und Daten.

Data Highway: Sammelbegriff für leistungsstarke Leitungssysteme und Netze, über die sich beliebige Daten austauschen lassen (häufig auch als Datenautobahn bezeichnet).

Data Marts: Funktionsfähige Teillösungen eines → *Data Warehouse*, welche die komplette Funktionalität des Warehouse-Konzeptes realisieren und lediglich in ihrem Volumen und in der Anzahl ihrer Nutzer beschränkt sind.

Data Warehouse: Unternehmensweites DV-gestütztes Informationslager (Datenbank), welches die Analyse und den Vergleich interner und externer Daten sowie Prognosen erlaubt, Trends sichtbar macht und der Unterstützung von Entscheidungen in allen Unternehmensebenen dient.

Datenmodell: Beschreibt sämtliche Daten und ihre Beziehungen untereinander, die für das Bearbeiten der betrachteten Abläufe von Bedeutung sind.

DBTools.h++: Software-Werkzeug für den Zugriff auf Datenbanken.

Dokumenten-Management-System: DV-Anwendung, mit der sich an verschiedenen Orten (elektronische Archive, Datenbanken) in unterschiedlichen Formaten abgelegte Dokumente so registrieren lassen, daß sie später von einem PC-Arbeitsplatz aus schnell auffindbar sind. Häufig auch Bestandteil von → *Workflow-Systemen* und → *Groupware-Systemen*.

Drag & Drop: Elektronisches Anfassen und Ablegen eines oder mehrerer Informationsobjekte in einem Applikationsfenster. Nach dem Ablegen wird dort eine dem Objekt entsprechende Aktion ausgelöst.

Drill-down: Stufenweises Erschließen immer höherer Detaillierungsgrade, vom Allgemeinen zum Speziellen, in einem Datenbestand (→ *Data Warehouse*).

EIS: → *Executive Information System*

Electronic Mail: Papierlose Nachricht, die auf elektronischem Wege über lokale oder globale Netzwerke (zum Beispiel → *Internet*) verschickt wird. Neben Texten lassen sich auch Bilder, Grafiken, Video- und Sounddateien oder Programme als E-Mail verschicken.

Elektronische Post: → *Electronic Mail*

Elektronischer Kalender: DV-Anwendung, die tägliche, wöchentliche und/oder monatliche Kalender abbildet für das Eintragen von Terminen. Häufige Zusatzfunktionen sind Wiedervorlage, Mahnung, Aufgabenliste, Adressverzeichnis.

E-Mail: → *Electronic Mail*

Engineering Database (CADIM-EDB): Standardsoftware für die Verwaltung von Konstruktionsdaten.

E-Plus: Zellulares Mobilfunknetz in Deutschland zur digitalen Übertragung von Sprache und Daten.

EURO-ISDN: Europäischer → *ISDN*-Standard

Excel: PC-Programm der Firma Microsoft für Tabellenkalkulation.

Executive Information System (EIS): DV-System zur Unterstützung von Managemententscheidungen; ausgerichtet auf die spezifischen Informationsbedürfnisse feststehender Adressaten mit vorgedachten Auswertungen und Präsentationen. Wird häufig auch als MIS bezeichnet (Management Information System).

Fernunterricht: → *Telelearning/Teleteaching*

File Transfer Protocol (FTP): → *Kommunikationsprotokoll* für die Datenübertragung (Filetransfer) zum/vom entfernten Rechner, üblicherweise mit Authentifizierung, aber auch anonym. Gehört zu den Standard-Diensten des → *Internet*.

Firewall: Schutzmechanismen gegen unbefugtes Eindringen in das → Firmen-*LAN*, reine Softwarelösungen oder Kombination aus Hard- und Software.

FTP: → *File Transfer Protocol*

Gateway: Kommunikationsrechner (Zwischensystem), der als Dolmetscher zwischen verschiedenen Rechnernetzen agiert, indem er Nachrichten von einem Netz in das andere Netz übermittelt.

Geschäftsprozeß: bezeichnet eine Kette von Vorgängen, die zur Abwicklung eines Geschäftsvorfalls zu durchlaufen ist (Prozeßkette).

Geschäftsprozeßmodellierung: Verfahren zum Analysieren und Darstellen sämtlicher an der Wertschöpfung eines Unternehmens beteiligten Abläufe mit ihren Tätigkeiten, Ressourcen, Schnittstellen, Störgrößen, verwendeten Hilfsmitteln, Wechselbeziehungen und Ergebnissen.

Global Positioning System (GPS): Spezialcomputer, meist mobil, der permanent die Position eines Fahrzeuges ermittelt.

GPS: → *Global Positioning System*

Groupware: Software, welche die Kommunikation, den Informationsaustausch und die Arbeit von Teams (Gruppen) im und zwischen Unternehmen unterstützt.

Helper Application: Hilfsprogramm im → *Internet*, das Dokumente aus „fremden" Anwendungen anzeigen kann.

Holos: → *OLAP*-Software-Werkzeug der Firma Seagate.

Home Office: umfassender elektronischer Zugang zu den Rechnern beziehungsweise Rechnernetzen im Unternehmen vom heimischen Schreibtisch aus.

HTML: → *Hypertext Markup Language*

HTTP: → *Hypertext Transfer Protocol*

Hyperlink: Markierte Textstelle oder Bild auf einer → *HTML*-Seite im → *WWW* des → *Internet*, zumeist andersfarbig und unterstrichen, hinter der sich ein HTML-Befehl für den Aufruf einer neuen (anderen) Seite oder eines Internet-Dienstes verbirgt. Klickt der Nutzer den Hyperlink mit seiner Maus an, so führt der → *Browser* den Befehl aus und ruft die adressierte Seite oder den adressierten Dienst auf.

Hypertext Markup Language (HTML): Seitenauszeichnungssprache für die Beschreibung der Darstellung von Informationen auf dem Bildschirm. Gehört zu den Standards im → *Internet*.

Hypertext Transfer Protocol (HTP): → *Kommunikationsprotokoll* zum Austausch von → *HTML*-Seiten. Gehört zu den Standard-Diensten des → *Internet*.

IDL: Beschreibungssprache für → *Objekte* nach → *CORBA* von der Object Management Group.

Imaging-System: → *Dokumenten-Management-System*

Informatik: Wissenschaft, die sich mit der Aufbereitung und Verarbeitung von Informationen beschäftigt, umfaßt sowohl Hard- als auch Software.

Informix-DB (XPS): Datenbank-Betriebssystem der Firma Informix.

Internet: Weltweites Netz von Rechnern und Rechnernetzen, das seinen Nutzern eine Reihe von Diensten anbietet, zum Beispiel → *WWW*, → *FTP* oder → *Telnet*. Die Kommunikation zwischen den Rechnern basiert auf speziellen Standards, die das Netz unabhängig von Hardware und Betriebssystemen machen.

Internet-Provider: Betreiber einer (großflächigen) Netzinfrastruktur, welcher auch über internationale Anbindungen verfügt und (Wähl-) Anschlüsse an das

Internet bereitstellt. Über diese Anschlüsse speisen die Provider die Informationen ihrer Kunden in das Internet ein.

Intranet: Nutzung der → *Internet*-Technik für geschlossene Nutzergruppen, beispielsweise Unternehmen.

ISDN (Integrated Services Digital Network): universelles digitales, leitungsgebundenes Übertragungsnetz der Telekom. Ein ISDN-Basisanschluß verfügt über zwei parallele Nutzkanäle, die sich für die (gleichzeitige) Übertragung von Sprache (Telefon), aber auch von Daten, Texten oder Bildern verwenden lassen.

Java: Plattformunabhängige Programmiersprache der Firma Sun.

Joint Editing: eine Form → *synchroner Gruppenarbeit* zwischen verteilten Anwendern für gemeinsames, synchrones, PC-gestütztes Bearbeiten eines Dokumentes (Fotos, Briefe, Faxe oder Zeichnungen).

Joint Viewing: eine Form → *synchroner Gruppenarbeit* zwischen verteilten Anwendern für gemeinsames, synchrones, PC-gestütztes Betrachten eines Dokumentes (Fotos, Briefe, Faxe oder Zeichnungen).

Klasse: Menge von → *Objekten* mit ähnlichen Eigenschaften beziehungsweise weitgehend übereinstimmenden Merkmalen (→ *Objektorientierung*).

Kommunikationsprotokoll: Gewährleistet, daß die in einem Rechnernetz übermittelten Daten innerhalb dieses Netzes in gleicher Weise interpretiert, verstanden und behandelt werden. Beinhaltet Regeln für die Übertragung von Daten: Auf- und Abbau von Verbindungen, Formate der auszutauschenden Nachrichten, Codierung (Verschlüsselung) sowie Fehlererkennung und Fehlerkorrektur. Deshalb müssen alle Teilnehmer eines Netzes dasselbe Kommunikationsprotokoll verwenden.

LAN: → *Local Area Network*

Legacy wrapping: Methode zur Integration von bestehenden (älteren) DV-Anwendungen in objektorientierten Systemen (→ *Objektorientierung*).

LinkWorks: → *Workflow-System* der Firma Digital.

Local Area Network (LAN): Rechnernetz, das auf eine definierte räumliche Ausdehnung begrenzt ist.

MIS: Management Information System → *Executive Information Systems* (EIS)

Modem: Gerät, das Daten über das Telefonnetz überträgt. Das Modem des Senders wandelt dazu die digitalen Daten des Computers in analoge elektrische Signale um, das Empfänger-Modem wandelt die ankommenden analogen dann wieder in digitale Daten um. Kunstwort, das aus den beiden Funktionen des Gerätes, der Modulation und Demodulation, abgeleitet ist.

Multimedia: Integration und Kombination verschiedener Medien: Texte, Bilder, Filme, Tonaufnahmen. Typische Multimedia-Podukte und -Dienstleistungen sind beispielsweise die → *CD-ROM*, Lernprogamme (→ *CBT*) und Informationen im → *WWW* des → *Internet*.

Netzwerkprotokoll: → *Kommunikationsprotokoll*

Newsgroup: Nach Themen sortierte Diskussionsforen im → *Internet*, wo jeder Teilnehmer Diskussionsbeiträge, Meldungen, Meinungen ablegen und lesen kann (schwarze Bretter).

Object Linking and Embedding (OLE): Verfahren für den Datenaustausch von Programmen, bei dem Daten aus einer Anwendung in das Dokument einer anderen Anwendung eingefügt werden und dabei dennoch mit der ursprünglichen Anwendung verknüpft bleiben. Über moderne OLE-Automation, neuerdings „→ *Ac-*

tive x" genannt, lassen sich auch DV-Anwendungen (zum Beispiel → *Word*, → *Excel*) oder aber die Dienste von → *Objekten* eines → *CORBA*-basierten Systems aufrufen, beispielsweise um die Ergebnisse eines Dienstes in einer Excel-Tabelle darzustellen.

Object Request Broker (ORB): → *CORBA*-Bestandteil, der das Zusammenwirken von Objekten in einer verteilten DV-Umgebung regelt.

Objekt: Kapseln, welche sowohl Daten als auch die darauf anwendbaren Funktionen (Methoden) enthalten. Die innere Struktur der Objekte ist von außen nicht erkennbar (→ *Objektorientierung*).

Objektorientierung: Zerlegen der IuK-Probleme (des Unternehmens) in für sich selbständige Geschäftsobjekte, die ihre „Intelligenz" (Funktionen und Daten) in sich bergen und die frei aufruf- und kombinierbar sind.

OLAP: → *Online Analytical Processing*

OLE: → *Object Linking und Embedding*

Online: Direkte Verbindung zu einem Rechner oder einem Netzwerk.

Online Analytical Processing (OLAP): Dynamische und flexible Auswertung von Daten mit Hilfe von Software-Werkzeugen.

Oracle-DB: Datenbank-Betriebssystem der Firma Oracle.

Orbix: → *Object Request Broker* der Firma IONA.

Paradigm+: Software-Werkzeug der Firma Platinum für das Erstellen von Objektmodellen (→ *Objektorientierung*).

Plug in: Hilfsanwendungen (Programme) im → *WWW* des → *Internet*, die es ermöglichen, „fremde" Programme im → *Browser* anzuzeigen und auszuführen. Radioübertragungen, Videos und zunehmend auch TV-

Programme lassen sich somit direkt in den Browser integrieren.

Point of Presence (POP): Partnerunternehmen der → *Internet-Provider*, welche die Feinverteilung der Netzinfrastruktur der Provider in Regionen vornehmen und die Übergänge (→ *Gateways*) zu unterschiedlichen Netzen bereitstellen.

POP: → *Point of Presence*

Provider: → *Internet-Provider*

Prozeßmodell: → *Geschäftsprozeßmodell*

SAP R/3: Betriebswirtschaftliche Standardsoftware der Firma SAP.

Satellitenbüro: Büro, das sich - außerhalb des Unternehmens - in der Nähe der Wohnungen von Mitarbeitern befindet und mit allen notwendigen → *Telematik*-Komponenten für die Arbeit und die Kommunikation mit Vorgesetzten, Kollegen, mit Programmen, Datenbanken und Netzwerken ausgerüstet ist.

Server: → *Client/Server*

SQL: Programmiersprache der Firma Microsoft für den Zugriff auf Datenbanken.

SQL-Server: Datenbank-Betriebssystem der Firma Microsoft.

Suchmaschinen: spezielle → *WWW-Server*, die der → *Internet*-Nutzer für Volltext-Recherchen verwenden kann.

synchron: zeitgleich (→ *synchrone Gruppenarbeit*)

synchrone Gruppenarbeit: Zeitgleiche gemeinsame Arbeit der Mitglieder einer Gruppe. DV-gestützte Methoden sind zum Beispiel → *Video Conferencing* oder → *Application Sharing*.

TCP/IP (Transmission Control Protocol/Internet Protocol): → *Kommunikationsprotokoll* zur Übertragung von Daten jeder Art. Gehört zu den Standards im → *Internet*. Alle weiteren Internet-Protokolle, wie etwa → *HTTP* oder → *FTP*, basieren auf diesem Standard.

TELES Vision: Videokonferenzsystem für PC der Firma Teles (→ *Video Conferencing*).

Telnet: Standardisierter Dienst für den Zugriff, die Anmeldung und das Starten von Programmen auf einem entfernten Rechner. Damit kann der Anwender Programme auf fremden Rechnern benutzen, sofern er für den Zugriff autorisiert ist. Gehört zu den Diensten des → *Internet*.

Telearbeit: Arbeit am PC mit Zugriff auf entfernte Rechnernetze beziehungsweise Rechner.

Telekommunikation: Alle Arten der Informationsübertragung mit Hilfe von Kommunikationstechnik.

Telekooperation: Gemeinsames Arbeiten verteilter Personen oder Gruppen auf der Basis von Computern, Programmen und → *Telekommunikations*-Diensten.

Telelearning/Teleteaching: Alle DV-gestützten Dialoganwendungen, die für den Anwender eine Lehr- oder Lernfunktion beinhalten.

Telematik: Kombination von Telekommunikation und Informatik. Die → *Telekommunikation* stellt dabei Verbindungen zwischen Rechnern, Programmen und den Menschen her, die damit arbeiten. Liefert die technische Basis für verteiltes Arbeiten und Lernen von Einzelpersonen und Gruppen.

Telemetrie: Fernsteuern beziehungsweise -messen von Anlagen und Geräten.

Teleteaching: → *Telelearning/Teleteaching*

Teleworking: → *Telearbeit*

URL (Uniform Resource Locator): Bezeichnung der einheitlich aufgebauten → *Internet*-Adressen; gibt den kompletten Zugriffspfad auf Informationen an: → *Komunikationsprotokoll*, Name des → *WWW-Servers*, Position der Information auf dem Server (→ *HTML*-Seite).

Video Conferencing: → *Synchrone* DV-gestützte Kommunikationsform, bei der sich zwei oder mehrere entfernte Teilnehmer gleichzeitig hören und sehen und Dokumente aus den beteiligten Rechnern austauschen können.

Virtuelle Teams/Unternehmen: Temporäre Arbeitsgruppen, Organisationen oder Organisationseinheiten, die sich aus Mitgliedern unterschiedlicher, geografisch auseinanderliegender Unternehmen für eine bestimmte Aufgabe zusammenschließen. Ihre Kommunikation und Kooperation ist mit → *Telematik* unterstützt.

Visual Basic: Softwareentwicklungs-Werkzeug von Microsoft für das Programmieren dialogorientierter Anwendungen.

Web: → *World Wide Web*

WebObjects: Software-Werkzeug für → *Internet*-Anwendungen der Firma NeXT.

Windows NT: Netzwerk-Betriebssystem der Firma Microsoft.

Word: PC-Programm der Firma Microsoft für Textverarbeitung.

Workflow: → *Workflow-System*

Workflow-Management: → *Workflow-System*

Workgroup-Computing: → *Groupware*

Workflow-System: Computergestütztes Koordinieren, Steuern, Überwachen und Verfolgen des Arbeitsflusses aller einzelnen definierten Arbeitsschritte beim Bearbeiten eines Geschäftsvorganges.

World Wide Web (WWW): Dienst im → *Internet* für das Abfragen und Präsentieren von Informationen im Internet, aber auch zur Kommunikation zwischen Menschen, Daten und Programmen.

WWW: → *World Wide Web*

WWW-Browser: → *Browser*

WWW-Server: Rechner, auf dem sich alle → *Internet*-Informationen eines Anbieters befinden. Dieser Server organisiert den Zugriff auf die Informationen, protokolliert die Zugriffe, überprüft Zugriffsberechtigungen und kann auch Daten aus Datenbanken in → *HTML*-Seiten übertragen.